Abriss der griechischen Philosophie

von

Prof. Dr. Franz Eckstein

Freiburg

HIRSCHGRABEN-VERLAG · FRANKFURT AM MAIN

ISBN 3454 756006

ISBN 3-454-75600-6
6. Auflage 1974

Zeichnung: Klaus Gabriel
Druck: Hain-Druck, Meisenheim
Vertrieb und Auslieferung: Cornelsen-Velhagen & Klasing Verlagsgesellschaft mbH, Bielefeld

Vorwort

Dieser Abriß der griechischen Philosophie, in dem ich der Behandlung des Sokratesproblemes mit Absicht einen großen Raum zugemessen habe, ist die Frucht einer langen und liebevollen Beschäftigung mit der griechischen Philosophie und Ethik. Seitdem ich in meiner Abiturientenrede das Thema behandelt habe: „Starb Sokrates als das Opfer der Demokratie?", hielt mich besonders der athenische Zauberer und Silen in seinem Bann. Im ersten Weltkrieg war die Apologie neben der Odyssee und Ilias in meinem Kriegskoffer zu finden; in der Gefangenschaft nach dem Zusammenbruch 1945 lasen wir als PoW's in USA „Gorgias" und den „Rahmenphaidon". Einen Teil meines Dankes an den Philosophen, der tapfer zu sterben wußte, habe ich in meiner Übersetzung des Symposions Platons (Platon, Gastmahl, übersetzt und erläutert von F. Eckstein, Goldmann-Verlag, München 1957, Gelbe Reihe Nr. 560) abgetragen. Als ich die Dialoge „Apologie und Kriton" und den „Rahmenphaidon" mit Kommentar im Hirschgrabenverlag herausgab, kündigte ich den vorliegenden Abriß als philosophisch-propädagogische Einführung in die Platonlektüre und in die vorsokratische Philosophie an. Meistens gipfelte ja das bekannte Diktat, das im Rahmen der Philosophiestunde die Urprobleme der Philosophie und die Vorsokratiker umreißen soll, in der Gleichung Thales = Wasser oder Heraklit = Feuer! Expertus dico!

Da die Nachfragen nach dieser philosophischen Einführung von seiten der Herren Kollegen, die meine Platonausgabe benutzen, sich immer mehr häuften, hat sich meine Überzeugung gefestigt, daß für einen solchen Abriß ein wirkliches Bedürfnis vorhanden ist. In dem Maße nun, wie ich an der Arbeit herumfeilte – denn wer kann es gerade hier allen recht machen? –, glaubte ich, die ursprünglich kleine Plattform (spezielles Hilfsheft für die Primaner eines humanistischen Gymnasiums und für Studenten) verbreitern zu müssen; ich dachte auch an Schüler, die kein Griechisch können, die eine philosophische Propädeutik für die Lektüre der philosophischen Schriften Ciceros und Senecas brauchen oder griechische Philosophie durch Übersetzungsproben kennen lernen wollen; ich dachte ferner an die vielen Gebildeten, die einmal in der Jugend die Propylaia zu der heiligen Region der platonischen Philosophie durchschritten haben oder in reifem Alter sich am Herdfeuer der hellenischen Kultur wärmen und ihre Lebensphilosophie klären wollen. Daher sind die griechischen Termini transskribiert und auf ein Mindestmaß zurückgedrängt; nur Kernsätze, Kerndefinitionen und Kerntermini sind auch in Griechisch vorgelegt, falls der Leser bis zum Urtext und zum Urwort vordringen will. Die Werke, die angeführt sind, wurden zu Rate gezogen; insbesondere habe ich die Arbeiten von O. Gigon, E. Hoffmann, Metzke, E. Schwartz und die angeführten Handbücher genau durchgearbeitet. Wörtliche Zitate und enge Anlehnungen sind markiert. Die Vorsokratiker sind nach der 5. Auflage von Diels-Kranz zitiert oder nach der Auswahl von Kranz (Vorsokratische Denker, Weidmann 1949, zitiert als „Kranz") dargeboten.

Dieser Abriß ist ebenso als Grundlage für Lehrgespräche und Referate gedacht wie zum persönlichen Studium. Überall sind die Verbindungslinien zwischen den großen Forschern und den einzelnen Schulen gezogen. Wenn nötig, wird die Fernwirkung auf die moderne Philosophie und auf die Experimentalwissenschaften aufgezeigt. Daß Sokrates und Platon ein besonderes Vorrecht auf ausführliche Behandlung wichtiger Probleme zugestanden wird, daß dem Prozeß des Sokrates und der Hinrichtung dieses durch seine geistige Bedeutung und ethische Haltung auch heute noch die Gemüter erregenden „Forschers" eine den Rahmen eines Abrisses sprengende Bedeutung eingeräumt wird, dürfte wohl niemand kritisieren. Auch sonst ließ ich die Darstellung, wenn ich es für nötig hielt (vgl. Protagoras, Gorgias, Epikur), in einem breiteren Fluß dahinströmen, als es einer Skizzierung angemessen war.

Meinem Freunde W. Hartmann und den Herren Studienrat Herrgott, Studienrat Selz und Dr. Vogt für Anregung und Mitkorrektur herzlichen Dank!

Zum Druckbild: Kursiv = Zitate und zitierter Text.

Freiburg, März 1955. Dr. Franz Eckstein.

Inhaltsverzeichnis

Motto: Ὁ ἀνεξέταστος βίος
οὐ βιωτὸς ἀνθρώπῳ.

I

Die Anfänge der griechischen Philosophie bis zu den Sophisten

A. RELIGION UND PHILOSOPHIE, MYTHOS UND LOGOS WISSEN UND WISSENSCHAFT

1. Für den Griechen der homerischen Epoche und des darauffolgenden Jahrhunderts sind die Götter in ihrer Existenz so selbstverständlich wie Sonne und Mond und die Daseinsbedingungen. Dieser Glaube an die Götter vereint die zerstreut wohnenden Stämme. Sie nehmen auch den Götterglauben anderer Völker, mit denen sie durch Handel und Schiffahrt in Berührung kommen, als etwas natürlich Gegebenes hin. Herodot überträgt einfach die ägyptischen Götter in die griechische Sprache und Vorstellung. Der Gedanke, das fremde Volk als ein Ketzervolk und seine Götter als Teufel und Götzenbilder anzusehen, liegt ihm vollkommen fern. Jedes Geschehen wird bei Homer (sein Werk ist für den Griechen gleichsam die Bibel für die Vorstellungen vom Sein und der Umwelt) von den Göttern veranlaßt, und erst ihr Walten, das sich in olympischen Höhen parallel zum menschlichen Sein vollzieht, gibt dem Dasein der Menschen Zweck und Sinn und Ordnung. Daß sie nicht immer so geherrscht haben, bezeugen die Götter- und Titanenkämpfe. Geworden sind die einzelnen Göttergestalten im Rahmen der Lieder Homers und Hesiods zusammen mit den in ihren Taten symbolischen Gestalten der achaeischen Helden. Auf Grund der Vorstellung, daß der Kult der olympisch-himmlischen Götter die Verehrung der chthonischen weit zurückgedrängt hat, wird Zeus der Olympier zum Vater der Götter und Menschen, der alles vermag und alles regiert: *So ward des Zeus Wille vollendet,* heißt es in der Einleitung zur *Ilias (I, 5).* Der fromme Eumaios sagt in der *Odyssee (XIV 444): Geben wird Gott das eine, das andere wird er versagen, wie es seinem Herzen gefällt; denn alles vermag er.*

2. Die Philosophie wurde in dem Augenblick geboren, als ein großer Denker, angerührt von dem Geheimnischarakter des Kosmos und grübelnd über den Sinn des Daseins, aus dem tiefsten innern Verwundern und Erstaunen heraus die Frage aufwarf nach dem Ursprung und dem An-

fang der Erde, des Meeres, des Himmels, der Himmelskörper, nach den Hintergründen dieser Welt. Sie fragt nach dem Urgrund, dem Bleibenden. Ihr Anliegen ist das des Faust: *Daß ich erkenne, was die Welt im Innersten zusammenhält, schau alle Wirkenskraft und Samen (Faust I 1).* Sie ist aus dem grenzenlosen Sich-Verwundern[1] erwachsen; ihr Werkzeug ist die Vernunft, deren Besitz den Menschen vom Tier unterscheidet: Zum Forschen und Nachdenken aber wird der Mensch vom Eros getrieben. Die Philosophie kreist immer um die letzten Fragen nach der Art und dem Wert des Kosmos und des Seins, nach der Planmäßigkeit von Natur und Kosmos. Sie frägt im sokratischen Sinne immer nach dem Warum. Sie endet wie viele Beweisführungen des Sokrates sehr oft im Nichtwissen. Auf einen eigentlichen Fortschritt kommt es ihr im Grunde nicht an. Das trennt die Philosophie von der empirischen Einzelwissenschaft, die von Erfolg zu Erfolg fortschreitet und immer neue Gebiete der Wirklichkeit aufdeckt.

3. Der erste Denker, der aus dem Verwundern und Erstaunen heraus die Philosophie erweckte und entdeckte, war ein Grieche im jonischen Kleinasien. Aus dem Verwundern über die Götter und die sinnvoll geordnete Welt erwuchs allmählich das Prüfen und das Nachgrübeln und das Gründesuchen. Damit begann das Sterben der Götter. Das ist die „Schuld der Philosophie“, die nicht durch Mythen die Dinge und deren Ursachen deutet, sondern mit der Vernunft, durch Gründe und Gegengründe die Wahrheit zu erforschen sucht, die den Weg vom Mythos zum Logos sucht und findet. Platon hat im Theaetet darauf hingewiesen: *Gerade für den Philosophen ist diese Gemütsverfassung charakteristisch: das Verwundern (thaumazein); denn dieses und nichts anderes ist der Anfang der Philosophie; und der scheint kein schlechter Genealoge zu sein, der die Iris* (als Götterbotin = Vermittlerin zwischen den Göttern und Menschen) *zur Tochter des Thauma gemacht hat (Theaetet 155 D und Hesiod Theogonie 780).*

4. Das ist die Tat jener hochfliegenden Denker in Jonien, jener weitgereisten Geographen und Meteorologen, aus deren Grübeln und Forschen die Wissenschaft und die Philosophie geboren wurde: **Wissenschaft und Philosophie sind ein Geschenk des griechischen Geistes.** So löste der Versuch einer Kosmogonie die Theogonie ab. Und gerade der Dichter der Theogonie, Hesiod, erweist sich als eine Art Vorläufer der jonischen Denker. Er ist zwar in Kunstform und nach seinem Vorstellungskreis der bewußte Nachfolger des homerischen Epos, aber er stellt sich ebenso bewußt in Gegensatz zu ihm. Er erzählt in der Einleitung zur Theogonie, wie er einmal auf dem Helikon die Schafe hütete und wie ihm die Musen, des Zeus' Töchter, erschienen und zu ihm sprachen *(Nach Th. v. Scheffer, v. 26–33):*

---

[1] Auch nach Aristoteles steht am Anfang der Philosophie das „Sich-Verwundern“ (θαυμάζειν).

„Hirten vom Lande, ihr Lumpengesindel und lediglich Bäuche,
Seht, wir reden viel Trug, auch wenn es wie Wirklichkeit klänge,
Seht aber, wenn ihr gewillt, verkünden wir lautere Wahrheit."
Also sprachen beredsam die Töchter des großen Kronion,
Ließen mich dann zum Stabe den Zweig eines blühenden Lorbeers
Schneiden, ein Wunder zu schaun, auch hauchten göttliche Stimme
Sie mir ein, zu künden von Künftigem und von Gewesenem,
Hießen mich preisen die Sippe der ewigen seligen Götter.

Hesiod soll also die Wahrheit verkünden und nicht Falsches, was wie die Wahrheit (Etymon) aussieht; *„etymon" wird immer in Gegensatz gestellt zum Falschen = Pseudos; und die andere Bezeichnung für das Wahre (Alethés) heißt das nicht Verborgene, nicht Verhüllte, also das nicht im Mythos verhüllt Angedeutete.* Als Verkünder der Wahrheit stellt er Zeus, den Verkünder, den Hüter der Gerechtigkeit, den Vater der Götter und der Menschen, in den Mittelpunkt. Der Mensch soll nicht nur die Götter als die Mächtigeren fürchten und bewundern, sondern auch überzeugt sein, daß ihre Gerechtigkeit ihm hilft. Doch ist Hesiods Theorie noch durchaus auf uralten Volksmythen aufgebaut und führt die Naturereignisse auf das Walten mythischer Wesen zurück.

5. W i s s e n u n d W i s s e n s c h a f t. Eine Fülle von geographischen, meteorologischen und nautischen Kenntnissen strömte aus dem Osten und Süden nach den blühenden Städten der kleinasiatischen Küste. Denken wir ferner an die Schrift, an die Arzneikunde, an die Kunst und das Kunsthandwerk, an die Astronomie und Astrologie, an die Rechenkunst und Meßkunst. Die neuen geographischen Errungenschaften und Vorstellungen w a r f e n d a s h o m e r i s c h e W e l t b i l d ü b e r d e n H a u f e n. Die fremden Sitten und Religionen wiesen den staunenden Blick in eine neue, reiche, bis jetzt unbekannte Welt von Vorstellungen, von Sitten und Gebräuchen. In welchem Bilde boten sich die eigenen dar, wenn man sie mit diesen verglich? Wie verhielt sich der Jonier gegenüber dieser Fülle von Wissen, die ihm diese Völker (vor allem die Ägypter, Babylonier und Phönizier) zur Verfügung stellten? Er verwandte dieses reiche Wissen nicht nur praktisch für seine Navigation und auf andern Gebieten der Technik und der Handelsschiffahrt, sondern er forschte in dieser Fülle des Neuen nach den U r s a c h e n d e r E r s c h e i n u n g e n, n a c h G e s e t z m ä ß i g k e i t, nach Ordnung und Harmonie, nach dem U r g r u n d dieser vom Meer umspülten Ländermassen, in deren Weiten der jonische Kaufmann immer tiefer eindrang, zuletzt nach dem Anfang und Ursprung (A r c h é – ἀρχή) dieser Welt, die ihm immer mehr Rätsel aufgab, über die Entstehung des organischen Lebens, über die Gesetze, die den Kosmos beherrschen; hier setzt d a s R i n g e n u m e i n k l a r e s W e l t b i l d e i n. So begründete der helle jonische Geist die W i s s e n s c h a f t, nachdem die Ägypter und Babylonier der Welt das r e i c h e W i s s e n geschenkt hatten.

B. DIE JONISCHEN NATURPHILOSOPHEN.

6. Zum Mittelpunkt der jungen, aufstrebenden Wissenschaft wurde Milet, das über eine führende Schicht welterfahrener, vielgereister, geistig interessierter Männer verfügte und das unter anderem allein nach dem Schwarzen Meer 40 Kolonien entsandt hatte. Hier blühte ein reicher Export- und Importhandel. Der reiche, weltoffene Großkaufmann stand mit allen Kulturländern des Orients nicht nur in Handelsbeziehungen, sondern auch in geistig-kulturellem Austausch. Für die Navigation der Seekapitäne war die Himmelskunde, die Erdmessung und die Erdkunde von besonderer Wichtigkeit. So fand das reiche Wissen der orientalischen praktischen Astronomie, Geographie und Meteorologie gierige Ohren. Bald folgte die wissenschaftliche Forscherarbeit. Einzelne geniale Forscher und Anreger sind besonders berühmt. Die übereifrigen und schematisierenden späteren Historiker und Philosophen unterschieden allzu gerne einzelne „Schulen". Natürlich gab es Denker, die auf lange Zeit hinaus durch die Fragestellung nach bestimmten Problemen und Thesen Generationen beeinflußten. So hat Parmenides durch seine Forschungen über das Sein das ganze fünfte Jahrhundert in seinem Bann gehalten. Nur bei den Pythagoreern herrschte Schul- und Sektenzwang, ähnlich auch bei den Herakliteern. Aber im allgemeinen waren diese jonischen Naturphilosophen typische Individualisten.

7. Leider sind die Werke der jonischen Naturphilosophen fast sämtlich verloren gegangen; die Fragmente, mit deren Interpretation sich die Forschung immer noch abmüht, stammen aus den Werken späterer Historiker, Philosophen und Philologen, die selbst wieder die Lehren der von ihnen exzerpierten oder zitierten Meister von ihrem Gesichtspunkt aus deuten. Viele Fragmente und Berichte verdanken wir Aristoteles, der die Lehren seiner Vorgänger diskutiert und dabei Stellen aus deren Werken anführt. Verloren ging das Werk des von Aristoteles angeregten Theophrast *Meinungen der Physiker,* in dem die Lehren der Vorsokratiker wissenschaftlich dargelegt waren. Wenn in dem folgenden Abriß Fragmente zitiert werden, so sind diese aus dem Werke von Diels-Kranz entnommen oder der Auswahl von W. Kranz.

8. Die Hauptstelle, die uns eine kleine Vorstellung von dem Forschen und Suchen der ältesten jonischen Naturphilosophen gibt, ist der berühmte Passus in der *Metaphysik des Aristoteles,* der auch für Thales die Hauptquelle ist *(A III 983 b6): Von denen, die zuerst Philosophie trieben, haben die meisten geglaubt, allein stofflich geartete Urgründe seien die Urgründe aller Dinge: denn woraus alle seienden Dinge sind, und woraus sie als Erstem werden und wohinein sie als Letztes vergehen, während das zugrunde liegende Wesen bleibt, nur in seinen Zuständen wechselt, dies nennen sie Element (Stoicheion) und dies Urgrund der seienden Dinge* (ἀρχὴν τῶν ὄντων); *und deshalb glauben sie, nichts werde und nichts gehe zugrunde, da das so beschaffene eigentliche Wesen immer erhalten bleibe.*

Was jedoch die Anzahl und die Form des so beschaffenen Urgrundes angeht, so sagen sie nicht alle dasselbe, vielmehr behauptet – im Gegensatz zu andern – Thales, der eigentliche Gründer dieser Art Philosophie, es sei Wasser, weshalb er auch erklärt, die Erde schwimme auf dem Wasser (nach Kranz 37).

9. **Thales von Milet** (um 630–560), gefeierter Mathematiker und Astronom, vielgereister Kenner der üblichen Reiserouten und der Topographie des Orients und Ägyptens, politischer Ratgeber der Vaterstadt, Leiter einer nautischen Akademie, gilt seit Aristoteles als Ahnherr der griechischen Philosophie; er eröffnete den Reigen der sieben Weisen[1]. Er fragte als einer der ersten nach dem Ursprung der Erde und deren Verhältnis zum Meer und war der Ansicht, daß die Länder aus dem Meer emporgestiegen seien (Musterbeispiel das Nildelta). Bei all diesen theoretischen Erwägungen legte er aber größten Wert auf die praktische Belehrung seiner Landsleute, um ihnen zu zeigen, wie auf der Landkarte die Länder auf dem Meere verteilt sind. Als kühl rechnender Geograph, Kartograph und Meteorologe berechnete er die Sonnenfinsternis des 28. 5. 585 v. Chr.

Wir haben hierfür den guten Gewährsmann *Herodot (I 74): Im sechsten Jahre des Krieges zwischen Alyattes von Lydien und Kyaxares von Medien trug es sich zu, daß, nachdem die Schlacht entbrannt war, der Tag plötzlich zur Nacht wurde. Diese Veränderung des Tages hatte der Milesier Thales den Joniern vorausgesagt, indem er als Grenze dafür diese Jahreswende im voraus festsetzte, zu welcher wirklich die Veränderung stattfand.* Vielleicht legte Thales, der nach Plinius als erster unter den Vorsokratikern diese Berechnung anstellte, die astronomischen Listen der Babylonier zu Grunde. Er suchte also nicht die Sonnenfinsternis aus religiösen und abergläubischen Vorstellungen heraus zu deuten, denen die beiden kriegführenden Parteien erlagen, indem sie sofort den Kampf abbrachen und Frieden schlossen.

10. Wie Thales sich in bewußten Gegensatz zur Mythosdeutung stellte, zeigt eine Erklärung der Ursachen des Erdbebens, die der Mythos durch

---

[1] Die Zahl der sieben Weisen, meistens Staatsmänner mit praktischer Lebensphilosophie, stand seit dem 7. Jahrhundert fest; die Namen sind Schwankungen unterworfen. Platon überliefert in seinem *Protagoras 343 A* folgende 7 Weisen: *Zu ihnen (den Männern, die auf der Höhe der geistigen Bildung stehen) gehören: Thales von Milet, Pittakos von Mytilene, Bias von Priene, unser Landsmann Solon, Kleobulos von Lindos, Myson von Chen und als siebenter gilt neben ihnen der Lakedaimonier Chilon. Sie alle waren Nacheiferer, Verehrer und Schüler lakedaimonischer Bildung, und die einem jeden von ihnen zugeschriebenen denkwürdigen Sprüche lassen erkennen, daß ihre Weisheit von dieser Art war. Diese ließen sie ... im Tempel zu Delphi anbringen, wie das ‚Erkenne dich selbst' und das ‚Nichts zu viel'.* Von Thales werden als Kernsprüche überliefert: Bürgschaft — daneben lauert Unheil! ... Etwas Lästiges ist Untätigkeit, etwas Schädliches Unbeherrschtheit ... Laß dich lieber beneiden als bemitleiden! ... Halte maß! Ganz davon zu unterscheiden ist das Modell des Weisen bei Epikur und in der Stoa.

die Gestalt und das Walten des Erderschütterers Poseidon zu deuten suchte: Die Erde ist nach Thales nicht vom Meere umflossen und so vom Totenreich getrennt, sondern schwimmt wie ein Schiff auf dem Wasser; wenn das Schiff schwankt, entsteht das Erdbeben. Als Bestätigung gibt er an, bei jedem Erdbeben brächen Quellen aus dem Boden hervor. Thales soll noch den Himmelsnorden im Kleinen Bären gefunden haben. Nach Plinius *(Diels-Kranz 79, 20)* berechnete er die Höhe der Pyramiden nach dem von ihnen geworfenen Schatten, indem er den Moment abpaßte, da unser Schatten gleich der Körperlänge ist; so konnte er mit zwei rechtwinkeligen Dreiecken operieren, die gleiche Winkel haben, also ähnlich sind; da man die eine Kathete (= Menschenhöhe) kennt, kann man die entsprechende des ähnlichen Dreieckes (also die Pyramidenhöhe) berechnen. Thales beherrschte also bestimmte Sätze der Goniometrie und der Trigonometrie. Eudemos berichtet in seiner Geschichte der Geometrie *(Diels-Kranz 76, 10; Kranz 39): Wie bei den Phöniziern durch Handel und den Tauschverkehr die genaue Kenntnis der Zahlen ihren Anfang nahm, so ist bei den Ägyptern die Geometrie gefunden worden. Thales kam nach Ägypten und brachte zuerst diese Wissenschaft nach Hellas; vielerlei fand er selbst, von vielem legte er auch die Grundlage für die, welche nach ihm kamen. Daß der Kreis vom Durchmesser in zwei gleiche Teile zerlegt wird, soll er selbst dargelegt haben; auch soll er gesagt haben, daß von jedem gleichschenkeligen Dreieck die Basiswinkel gleich sind... Der Satz: Wenn sich zwei Gerade schneiden, sind die Scheitelwinkel gleich, ist von Thales gefunden worden. Man sagt, er habe den Abstand der Fahrzeuge auf dem Meere berechnet* (nach dem Kongruenzsatz: Zwei Dreiecke sind kongruent, wenn eine Seite und die beiden anliegenden Winkel gleich sind). Nach einem anderen Bericht schrieb er als erster dem Kreis das rechtwinkelige Dreieck ein *(Diels-Kranz 68, 13).*

11. Folgende Sätze sind von Aristoteles und seinen Epigonen überliefert und behandelt. Sie können gegenüber andern falschen Fragmenten als gesichert gelten:

1. Auf die Frage, was der von den Sinnen wahrgenommenen, mannigfaltigen Welt als einheitlicher Urgrund (Archê) zugrunde liege, antwortete Thales nach Aristoteles: *daß der Ursprung von allem das Wasser sei. Darum behauptete er auch, daß die Erde auf dem Wasser sei. (Diels-Kranz 76, 34 ff.)*

Als Gründe gibt Aristoteles an: Die Nahrung der Tiere ist feucht, und auch das Warme entsteht aus dem Feuchten. Wahrscheinlich beobachtete Thales die befruchtende Kraft des Nilschlammes und des Regens; aus dem Nilschlamm entstehen nach der Ansicht der Ägypter Lebewesen und Pflanzen ohne Samen. Er kannte auch die von *Herodot (II 5)* erwähnte Ansicht, daß der größte Teil Ägyptens ursprünglich Wasser gewesen und erst mit der Zeit durch den Nil angeschwemmt worden sei. Über die Art, wie die Dinge aus dem Wasser entstanden zu denken sind, besteht keine Überlieferung; auf alle Fälle ist von einer qualitativen Verwandlung von Wasser in Erde keine Rede *(O. Gigon I 45)*.

Aber ausschlaggebend ist, daß Thales **einen** Grundstoff, ein Grundprinzip im Wechsel der Erscheinungen der Körperwelt suchte; dieses Grundprinzip führte hinter den bloßen Augenschein. Dieses Prinzip konnte nur gefunden werden, wenn man die mannigfachen Eindrücke auf **einen** Nenner brachte, indem man etwa die Zustandsformen Eis, Wasser, Dampf auf einen Grundstoff zurückführte *(Hoffmann 25)*. Diese Idee des Urstoffes als Urprinzip enthält auch implicite in sich das Gesetz von der Erhaltung der Materie, das von Demokrit betont (vgl. § 67), im 18. Jhdt. von einem französischen Forscher neu aufgestellt und theoretisch begründet und später durch Experimente erhärtet worden ist. In diesem großen Rahmen ist die Tat des Philosophen und Forschers Thales zu betrachten. Bei Thales kann man sich auch den Übergang vom mythischen zum wissenschaftlichen Denken klarmachen: Das Wesen des mythischen Denkens besteht darin, daß zur Erklärung aller Naturerscheinungen eine persönlich wirkende Kraft, die Willenstätigkeit übermenschlicher Wesen angenommen wird. In demselben Denken ist auch Hesiod in seiner von uralten Vorstellungen des Volksglaubens beherrschten mythischen Kosmogonie eingeengt, wenn er sich auch noch so sehr bemüht, sich von Homer scharf abzusetzen und seinen Fortschritt zu betonen. Den Anfang denkt er sich als einen persönlichen Zeugungsakt zwischen Gaia und Uranos *(Theogonie 45)*. Während wir bei Homer *Ilias 14, 246 (Okeanos, welcher der Ursprung für alle Götter ist)* die Schöpfungssage eines uralten Schöpfungsmythos vor uns haben, überträgt Thales mit seiner Lehre vom Wasser als Urgrund der Dinge die mythische Aussage des Homerverses in die wissenschaftliche Sphäre, in die physikalische Sphäre. Thales' Lehre von der Arché = Wasser kehrt bei Paracelsus wieder.

12. – 2. Aristoteles berichtet *de anima (Diels-Kranz 68, 10ff.): Es scheint, daß Thales die Seele als Bewegendes angenommen habe, wenn er wirklich sagte, daß der Magnetstein eine Seele habe* (vgl. seinen Satz: Alles ist voll von Dämonen), *weil er das Eisen in Bewegung setzt.* Damit will Thales eine der bestaunten Wundererscheinungen erklären; er will sagen, dieser Stein sei wie ein Lebewesen, das bestimmte Dinge als Beute an sich zu reißen sucht *(Gigon I 56)*. Die Systematiker bezeichnen diese Ansicht als Hylozoismus oder Hylopsychismus.

3. Thales soll die Gestirne als erdartige, glühende Massen erklärt haben; der Mond habe sein Licht von der Sonne *(Diels-Kranz, fr. 17a u. 17b)*.

13. **Anaximander** (rund 610–547), Schüler und Gefährte des Thales, Anführer der Kolonie, die Milet nach Apollonia am Schwarzen Meer sandte. Er hat als erster der Hellenen eine Schrift über die Natur herausgegeben. Anaximander hat, berühmt durch seine astronomischen und geographischen Kenntnisse, eine Erdtafel und eine Himmelskugel konstruiert und

ein Werk geschrieben, das Aristoteles und Theophrast gelesen und benutzt haben. Während Thales als Geograph und Physiker den Boden der empirischen Forschung nicht verläßt, will Anaximander als Philosoph den Kosmos interpretieren. Er gibt uns durch die Kühnheit seiner Theorien manche Rätsel auf. Auch Anaximander s a g t e nach Cicero gelegentlich seines Aufenthaltes in Sparta, wo er einen Sonnenzeiger aufstellte, e i n E r d b e b e n v o r a u s, das die Stadt zerstörte und einen Bergsturz des Taygetos zur Folge hatte. Nach seiner Theorie entstehen bei Trockenheit oder anhaltendem Regen Spalten in der Erde, durch die der Sturmwind saust; dadurch wird die Erde erschüttert. An einem Modell konstruierte er das Weltall: In der Mitte des Kosmos ruht die Erde; ihrer Gestalt nach ist sie zylinderförmig, einer Säulentrommel ähnlich, deren Höhe ein Drittel ihrer Breite, also des Durchmessers ist. *Auf der einen der beiden ebenen Flächen gehen w i r, die andere ist ihr entgegengesetzt. Im Feuchten sind die ersten Lebewesen entstanden, umhüllt von stacheligen Rinden; mit fortschreitendem Alter stiegen sie auf das Trockene, die Rinde riß ringsum, und sie nahmen für kurze Zeit eine andere Lebensform an. Der Mensch ging ursprünglich aus anders gestalteten Lebewesen hervor, und zwar aus dem Gedanken heraus, daß die übrigen Lebewesen bald Nahrung finden, nur der Mensch bedürfe langdauernder Wartung ... In Fischen sind die Menschen zuerst entstanden und darin entwickelten sie sich wie die Haifische; und als sie sich selbst helfen konnten, kamen sie heraus und ergriffen Besitz vom Lande (Kranz 45).* Die Himmelsschale ist eine Kugel; um die Erde sind die Gestirne in Ringen gelegt, die sich in Kreisbewegung befinden *(Gigon I 86–91).* Der Erde am nächsten ist der Kreis der Sterne mit dem schwächsten Licht, dann folgt der Kreis des Mondes, dann der Sonne; zuoberst ist der Himmel, der in weitem Abstand die Gestirnringe umschließt. Die kreisförmige Erdoberfläche ist beckenförmig. Wie die Karte aussah, die Anaximander auf diese Erdoberfläche zeichnete, wissen wir nicht. Sehr ausführlich sprach er sich über die meteorologischen Erscheinungen aus.

14. Ganz dunkel ist seine Theorie über d a s, w a s z u e r s t w a r (Archê). Hesiod *(Theogonie 115)* stellte an den Anfang das Chaos, den *gestaltlosen Raum von Tag und Nacht (Gigon I 60).* Anaximander bezeichnete als den Anfang das U n b e g r e n z t e (das „Apeiron"); über dieses vielbehandelte Problem haben wir nur ein paar verstümmelte Fragmente.

Die Hauptstelle bietet uns Simplicius, ein Kommentator des Aristoteles um 500 nach Chr., der hier das Werk des Theophrast über die Physik benutzt *(Diels-Kranz 89, 11ff.): Anaximandros, des Praxiades Sohn aus Milet, der Schüler und Nachfolger des Thales, hat als Ursprung und Urgrund der seienden Dinge das Unendliche (Grenzenlos-Unbestimmbare) angenommen* **(Apeiron)**, *indem er als erster diese Bezeichnung für den Urgrund (Archê) gebrauchte. Er meint aber als Urgrundstoff weder das Wasser noch irgendein anderes von den sogenannten Elementen, sondern eine andere, unbestimmbare Substanz, aus der alle Himmel und die Wel-*

ten in ihnen entstanden seien. Woraus aber das Werden ist den seienden Dingen, lehrt er, in das hinein geschieht auch ihr Vergehen nach der Notwendigkeit; denn sie zahlen einander Strafe und Buße für ihre Ungerechtigkeit nach der Zeiten Ordnung, indem er einen dichterischen Ausdruck gebraucht. Offenbar hat Anaximandros, der den Wandel der vier Elemente ineinander beobachtet hat, nicht eins von diesen als Grundlage nehmen wollen, sondern ein anderes neben ihnen (Simplicius d. h. Theophrast meint die vier Elemente des Empedokles: Feuer, Wasser, Luft, Erde). *Dieses Grenzenlos-Unbestimmbare ist ohne Alter. Es ist ohne Tod und ohne Untergang.* Ergänzen kann man diese Stelle durch ein anderes Theophrastfragment, das uns Plutarch überliefert *(Diels-Kranz 83, 27 ff): Anaximander, des Thales Gefährte, erklärt, daß das Unendliche die einzige Ursache von Entstehung und Untergang des Ganzen sei ... Er behauptete aber, daß der Untergang und viel früher die Entstehung erfolge, indem sich seit unendlicher Zeit alle diese Dinge periodisch wiederholen* (es folgt die oben zitierte Beschreibung der Erde) ... *Er sagt, aus dem einen sonderten sich die in ihm enthaltenen Gegenstände aus, Warmes, Kaltes, Trockenes, Feuchtes usw.* Und dazu vergleiche man noch den Schluß der ersten Theophraststelle: *Dieser setzt nicht die Entstehung der Dinge infolge einer qualitativen Veränderung des Urelementes an (Stoicheion), sondern infolge einer Ausscheidung der Gegensätze auf Grund der ewigen Bewegung.*

15. Soll man nun diese Sätze wörtlich oder symbolisch deuten? Ist die eigenartige Idee von der ewigen Bewegung der Kern der Lehre? Kann man von diesen Sätzen eine Linie zu der modernen Bewegungslehre ziehen? Hören wir einen der besten Kenner der Vorsokratiker:

Was Anaximander zwang, über Thales hinauszugehen, war seine V e r w e n d u n g d e s U n e n d l i c h k e i t s b e g r i f f e s, den er nicht sowohl an der räumlich-unendlichen Ausdehnung der Welt als vielmehr an ihrer zeitlich unbegrenzten Dauer entdeckt zu haben scheint. Die Unendlichkeit der Zeit, in der unaufhörlich alles untergeht und Neues entsteht, fordert nun aber einen Urstoff, der selbst unendliche Schöpferkraft besitzt, also selbst unendlich sein muß, damit er sich im zeitlich-unendlichen Werden nicht erschöpft. Dann kann aber der Urstoff nicht unter den empirischen Stoffen, also auch nicht im Wasser, zu finden sein; denn alle empirisch gegebenen Stoffe sind begrenzt. Es muß also ein Urgrund gesucht werden, aus dem sich alle Stoffe entwickeln und in den alle Stoffe zurückkehren können, ein Urgrund, der selbst in allen Stoffen enthalten ist, der aber selbst nie empirisch gegeben, also nie mit Sinnen schaubar ist, vielmehr als jeder Endlichkeit, Begrenztheit und Anschaulichkeit entzogen gedacht werden muß. So ist der Urgrund nur negativ zu bestimmen als das **schlechthin Grenzenlose**, *als das „Apeiron" (Hoffmann 27).*

16. Aus diesem räumlich, zeitlich und qualitativ Unbegrenzten (wohl zu denken als ein Raum wie das Chaos Hesiods) trennen sich die Dinge und

die Welt mit ihren Einzelgestaltungen ab. Hier verliert sich die Spekulation Anaximanders in das Metaphysische.

Eine weitere Entdeckung Anaximanders bereichert die Vorstellung vom astronomischen Weltbild: Er hat sich als erster nicht mit der Vorstellung vom Himmelszelt begnügt, sondern gefragt: Was ist unter uns? Da die dem Nordpol benachbarten Sterne nie untergehen, sondern sich im Kreise um ihn drehen, müssen auch die dem Nordpol fernen Sterne einen Kreis beschreiben, der in seinem unsichtbaren Teil sich an einer zweiten Himmelshalbkugel vollziehen muß, die unter uns ist. Damit war die uralte Vorstellung erledigt, daß die Sterne nach dem Untergang auf dem Ozean gegen Osten zurückfahren. Also kann die Erde nicht auf dem Wasser aufliegen, sondern muß frei schweben. Jetzt war auch die Bewegung des Fixsternhimmels erklärlich *(Hoffmann 28).* Die Kugelgestalt der Erde hat er noch nicht erkannt (vgl. oben).

17. Interessant ist noch, wie sich Anaximander die Entstehung des Kosmos denkt. Wir folgen hier wieder *Theophrast bei Plutarch (nr. 10 Diels-Kranz und Kranz p 83): Der seit ewig bestehende Zeugungsstoff des Kalten und Warmen (eben das Grenzenlos-Unbestimmbare) hat sich bei der Entstehung unserer Welt zerspalten, und daraus wuchs eine Flammensphäre um die die Erde umgebende Luft herum wie die Rinde um den Baum; als diese dann zerriß und sich in gewisse Kreise zusammenschloß, sind Sonne, Mond und Sterne dafür eingetreten.*

18. **Anaximenes** (rund 585–524) ist als Persönlichkeit nicht greifbar. Berühmt war sein Buch in jonischer Sprache, in dem er seine Lehre darlegte. Theophrast hat es als Quelle benutzt; nach den Fragmenten, die wir besitzen, verfügt er über eine bilderreiche Sprache und wendet gern Gleichnisse an. Die Hauptstelle, die uns wieder Simplicius nach Theophrast überliefert *(Diels-Kranz 91, 12 ff.),* lautet: *Anaximenes, des Eurystratos Sohn aus Milet, der ein Gefährte Anaximanders war, lehrt auch wie jener, die Substanz sei grenzenlos, aber nicht unbestimmt, sondern bestimmt:* **Luft** *nennt er sie. Sie sei unterschiedlich an Dünne und Dichte, entsprechend den Qualitäten der Dinge. Und gelockert werde sie Feuer, verdichtet Wind, dann Wolke, weiter durch noch stärkere Verdichtung Wasser, dann Erde, dann Stein. Alles übrige aber entstehe aus diesem. Auch nimmt er eine ewige Bewegung an, infolge deren auch die Umwandlung entstehe. Das sich Zusammenziehende und Verdichtende der Materie sei das Kalte, das Dünne und Schlaffe dagegen das Warme ... Die Luft sei Gott ... Aus Luft entstehe alles und in sie löse es sich wieder auf (Kranz p. 45).* Er übernimmt also das Apeiron des Anaximander und läßt den ganzen Kosmos, auch die Himmelsschale daraus entstehen.

19. Zu dem Apeiron kommt die Substanz Luft (Aër). *Wie unsere Seele Luft ist und uns dadurch mit Macht zusammenhält, so umspannt auch das ganze Universum Odem und Luft.* Anaximenes erwägt: Thales hat den Urstoff in einem bestimmten Stoff gesucht, Anaximander in einem unendlichen Stoff; aber der bestimmte Stoff kann nicht das Wasser sein, weil dieses

kein Feuer hervorbringen kann; aber andererseits können aus dem Apeiron des Anaximander keine konkreten Dinge entstehen. So kommt Anaximenes zu einem Kompromiß. Er sucht einen bestimmten, aber unendlichen Stoff, den er in der Luft findet; sie ist in allen Teilen der Welt nachweisbar; verdünnt im Feuer und in allem Lebensstoff, verdichtet in Wasser und Erde. In Verdünnung und Verdichtung vollzieht sich also die ewige Bewegung des Alls *(Hoffmann)*. So führt er als neues Ergebnis seiner Überlegungen das Begriffspaar Verdünnung und Verdichtung ein, *vgl. Diels-Kranz 91, 16: Durch Verdünnung wird aus der Luft Feuer, durch Verdichtung zunächst Wind, dann Wolken, Wasser, Erde und zuletzt Steine.* Hier haben wir zum ersten Mal das Prinzip der qualitativen Veränderungen *(Gigon I 101)*. Die Erde ist einer Tischplatte ähnlich und sitzt auf dem Luftmeer wie der Reiter auf dem Pferde. Da die Erde wie ein Deckel fest aufsitzt, kann keine Luft entweichen; so bleibt auch die Erde unbeweglich. Auf dem Erdrand sitzt die halbkugelförmige Himmelsschale auf. Die Bahnen der Gestirne liegen in der oberen Himmelshalbkugel, an der die Fixsterne wie Nägel befestigt sind. Die einzige Lichtquelle ist die Sonne, von der auch der Mond sein Licht erhält. Die Sonne bewegt sich wie ein Schiff durch das Luftmeer.

20. Während Anaximander durch die Einfachheit und Geschlossenheit seiner Lehre Eindruck macht, durch die Lehre vom Apeiron (vom Grenzenlos-Unbestimmten) die unergründliche Wunderwelt der Natur zu erfassen sucht und als erster den Gedanken der Entwicklung der Lebewesen schöpferisch erfaßt, bleibt der Kosmologie des Anaximenes wohl der kühne Schwung versagt; dafür kann er aber den Ruf eines ernsten und erfolgreichen Naturwissenschaftlers für sich beanspruchen. Er hat auch gelehrt, daß der Mond sein Licht von der Sonne empfangen hat; er ist bestrebt, der Sonne eine beherrschende Stellung im Kosmos zuzuweisen; und er hat die neuen fruchtbaren Begriffe der Verdichtung und der Verdünnung für Veränderung und Abwandlung der Materie in die Diskussion über die Weltentstehung und den Weltprozeß hineingeworfen. Außerdem baut er die Entwicklungstheorie weiter aus auf der Grundlage der Gleichsetzung Luft (aus der sich auch die organischen Lebewesen entwickeln) – Atem – Seele. Er vergleicht den einzelnen Körper mit dem großen Gebilde des Universums und die einzelne Seele mit dem Odem des Ganzen *(Hoffmann 31)*. Damit baut er die Brücke von der Philosophie zur Physik.

21. Mit diesen Gedanken führt Anaximenes die Gedankenreihe der sogenannten Hylozoisten (Thales-Anaximander-Anaximenes) folgerichtig zu Ende. Die Hylozoisten (Hyle = Urstoff, Zōon = organisches Leben) nahmen einen belebten Urstoff an, aus dem sich das organische Leben entwickelte. Diesen Urstoff suchte Thales in einem bestimmten Stoff. Anaximander, von der erhabenen Unergründlichkeit der Natur wie besessen, suchte den Urstoff in einem unendlichen Stoff. Bei Anaximenes ist der Urstoff beseelt; er enthält den Keim für Leben und

Seele in sich. Das ahnte vielleicht schon Thales; aber er war noch zu sehr im mythischen Denken verstrickt; und so formte er den Satz: „Alles ist voll von dämonischen Wesen." Anaximenes ist so von dem Gedanken einer lebendigen Materie erfüllt, daß er dichterisch den Kosmos mit einem Lebewesen vergleicht.

C. PYTHAGORAS UND DIE PYTHAGOREER

22. Während bisher die Frage nach den Phainomena des Kosmos im Mittelpunkt stand, rückt jetzt der Samier Pythagoras die Seele und die Erziehung der Seele in den Vordergrund. Damit tritt der jonischen Forschung eine neue geistige Macht entgegen. Gegenüber den Physikern will **Pythagoras** (580–500) eine Lebensform für eine Gemeinschaft finden. Wegen politischer Umwälzungen war er aus seiner Heimat Samos ausgewandert und hatte in Kroton in Unteritalien eine Gemeinde gegründet, nachdem er auf seinen Reisen auch Ägypten kennengelernt hatte. Der von ihm auf religiös-ethischen Grundregeln aufgebaute O r d e n verehrte den Meister wie einen Propheten, dessen Leben und Schicksale die späteren Schüler mit Sagen umrankten. Seine Autorität war so groß, daß es genügte, einen Satz zu begründen mit dem Hinweis: er selbst hat es gesagt. Der Orden, gebunden an Speisegebote und Diätvorschriften, verband die Merkmale eines politischen Klubs mit denen einer religiösen Sekte.

23. Schon sehr früh wurde das Leben des Pythagoras h e r o i s i e r t und m y t h o l o g i s i e r t. Hören wir u. a. *Empedokles: Es war aber unter jenen Menschen ein Mann, der Überschwengliches wußte, er, der wahrlich den größten Gedankenreichtum erwarb, allerlei weiser Werke am meisten mächtig. Denn wenn er mit allen seinen Gedanken sich emporreckte, begriff er schauend ohne Mühe von allem Seienden ein jedes, er mit seinen 10, ja 20 Menschenleben (Kranz 51). Herodot (II 123)* weist auf Pythagoras hin, ohne seinen Namen zu nennen: *Als erste haben die Ägypter auch folgenden Gedanken ausgesprochen: daß des Menschen Seele unsterblich sei und daß sie, wenn der Körper vergehe, in ein anderes Lebewesen, das jeweils geboren werde, eingehe. Wenn sie aber alle Lebewesen durchwandert habe, dann gehe sie wieder in eines Menschen Leib ein, der gerade geboren werde. Der Umlauf aber vollziehe sich für sie in 3000 Jahren. Diese Gedanken haben einige von den Griechen verwendet; von ihnen weiß ich zwar die Namen, schreibe sie aber nicht her.* Und zur Ergänzung Isokrates bei *Kranz 53: Pythagoras aus Samos kam nach Ägypten und wurde der Schüler jener Leute dort; dann brachte er ihre philosophische Lehre zuerst zu den Hellenen hinüber, vor allem bemühte er sich um die Opfergebräuche und die kultischen Reinhaltungen in deutlicherem Maße als die übrigen.* Heraklit fährt bissig über Pythagoras her: *Pythagoras, des Mnesarchos Sohn, hat von allen Menschen am meisten sich der Forschung*

beflissen, und nachdem er sich diese Schriften auserlesen hat, machte er sich daraus seine eigene Weisheit: Vielwisserei, Künstelei (Diels fr. 129): . . . Vielwisserei lehrt nicht Verstand haben: sonst hätte sie es den Hesiod gelehrt und den Pythagoras (fr. 40, vgl. Kranz 53).

24. Mit großer Menschenkenntnis und psychologischer Erfahrung wählte der Meister den engen Kreis seiner aktiven Mitarbeiter, der Esoteriker, aus. Der Erziehungsgang hatte vier Stufen. Zunächst wurde der Anwärter in die Klasse der Akusmatiker eingereiht, welche die geistige Zucht des Schweigens üben mußten, während ihnen die Lehrer die homerischen Epen, Hymnen und andere Erbauungspoesie vortrugen; so sollte der Geist diszipliniert und gegen jede Ablenkung und Zerstreuung gefeit werden.

25. Durch strenge Auslese wurde so eine Elite ausgesiebt, die dann würdig war, in die zweite Stufe der Mathematiker aufgenommen zu werden, die wir als „Wissenschaftler" bezeichnen können. Jetzt lernte man die von den Pythagoreern entdeckte Identität von Arithmetik und Geometrie, d. h. jedes arithmetische Verhältnis kann ich auch geometrisch darstellen; $3^2 + 4^2 = 5^2$ kann ich auch geometrisch darstellen: Die Summe der beiden Kathetenquadrate ist gleich dem Hypotenusenquadrat. Das rechtwinkelige Dreieck mit seinen drei Quadraten stellt also eine Gleichung dar. Wenn ich also die Zahlen kenne und die Gesetze der Zahlen beherrsche, dann kann ich auch alle Erscheinungen des Raumes erklären und enträtseln *(Hoffmann 36 ff.).* So kommen die Pythagoreer zu der neuen, grundlegenden Lehre: „Den Erscheinungen der Dinge liegen Zahlen als ihre Gesetze zugrunde." Es kommt nicht darauf an, nach dem Grundstoff zu fragen, wie es Thales und andere taten; das Dreieck kann aus einem beliebigen Stoff bestehen; das Gesetz, nach dem seine Form in Erscheinung tritt, ist das Wesentliche; man muß immer nach der Grundform und nach dem Wesen fragen; die Gesetze der Form aber sind durch Zahlenverhältnisse ausgedrückt. *Gott hat aber die Zahlen nicht nur in die Natur hineingeschrieben, sondern auch in unseren Geist. Und nur dadurch ist die richtige Erkenntis für uns möglich. Nur weil das Zahlensystem in unserm Geiste dasselbe ist wie in den Dingen der Schöpfung, können wir die in uns liegenden Zahlengesetze in den Dingen wiederfinden* (Vorstufe der Ideenlehre Platons: *Hoffmann 37).*

26. Wenn die Esoteriker die Lehrsätze der Weltmathematik beherrschten, erreichten sie die Stufe der Physiker und lernten nun den Satz verstehen: Der ganze Himmel und der Kosmos ist eine durch bestimmte Gesetze und Zahlenverhältnisse entstandene Harmonie. Hier gingen die Pythagoreer von der Musik aus: sie entdeckten das Gesetz, daß zwischen Tonhöhe und Saitenlänge ein konstantes Verhältnis besteht, das man in Zahlen ausdrücken kann. Dieses Gesetz übertrugen sie auf die Erscheinungen des gestirnten Himmels und des ganzen Kosmos, nachdem sie die wunderbare Regelmäßigkeit der Bewegungen festgestellt hatten. Um die Vollkugel der Erde sind nach be-

stimmten Gesetzen und in bestimmten Abständen Sphären (unsichtbare Hohlkugeln) gelegt, die sich konzentrisch drehen; in diese Sphären sind die Gestirne eingefügt. Da die Abstände der Sphären nach bestimmten Zahlenverhältnissen festgelegt sind analog den Abständen der Töne, so entsteht aus der Drehung eine klingende Harmonie, die Sphärenmusik[1]. Sie verglichen die 7 Planeten mit den 7 Saiten des Heptachords des Terpander. Dieser Harmonie im Kosmos soll auch die Harmonie der Seele entsprechen. Dieses harmonische Ebenmaß der Seele suchten die Anhänger durch eine bestimmte Diät und Selbstbeherrschung zu erreichen.

27. Die Zahlensymbolik der Pythagoreer: Die Elemente der Erkenntnis und des Seins sind in den ersten vier Zahlen der Zahlenreihe enthalten. Die Eins bedeutet den absoluten Anfang und den Ursprung, aus dem sich die ganze Zahlenreihe entwickelt; die Eins ist das in sich Geschlossene, Unveränderliche. Von der Eins kann die Zahlenreihe ausgehen, ohne daß sie an Wert verliert; sie ist das Symbol für Gott. Mit der Zwei beginnt das, was anders ist als die Eins; so ist die Zwei das Symbol der Verschiedenheit, der Nicht-Identität. Eins und Zwei verhalten sich wie die Gegensätze: Licht und Dunkel usw. Die Verknüpfung der Eins und der Zwei ist die Drei als Symbol der Synthese, der Totalität, des Zusammenhangs (1 + 2 = 3), der hergestellten Ganzheit. Die Vier ist die heilige Wurzel der Welt, sie ist das Urzeichen der Proportionalität: a:b = c:d. Es gibt vier Jahreszeiten, vier Grundstoffe, vier Säfte des Körpers. Die Vier ist die erste Quadratzahl und als solche das arithmetische Grundsymbol *(nach Hoffmann)*. Weil aber in der Geometrie fünf regelmäßige Körper gefunden wurden, (Tetraeder, Würfel, Oktaëder, Dodekaëder, Ikosaëder; nach Platons Theaetet wurden die fünf platonischen Körper von Theaetet erfunden), wurde auch die Zahl fünf zu großer Bedeutung erhoben, dergestalt, daß man ein fünftes Element suchte.

28. Wenn man die vier Grundzahlen 1, 2, 3, 4 addiert, kommt man auf den Hauptträger des ganzen Zahlensystems, die Zahl Zehn. Wegen der Bedeutung, die man der Zahl Zehn beilegte, suchte man einen zehnten Weltkörper, und so schob man zwischen das Zentralfeuer, um das sich die Gestirnsphären und die Erde bewegen, eine Gegenerde ein. Als Kombination der Ganzheit Drei und der harmonischen Proportionalität Vier übernahm man vom Orient die heilige Siebenzahl; der Kairos ist die Zahl Sieben. Wegen der Bedeutung der Zehn wurde die Kosmologie der Pythagoreer allmählich in dem Sinne ausgebaut, daß um das Zentralfeuer zehn Himmelskörper von Westen nach Osten kreisen und zwar nacheinander die Fixsternsphäre, die Planeten, Sonne, Mond, die kugelgestaltige Erde und die Gegenerde.

---

[1] Vgl. *Goethe Faust, Prolog im Himmel: Die Sonne tönt nach alter Weise in Brudersphären-Wettgesang, und ihre vorgeschriebne Reise vollendet sie mit Donnergang* (vgl. auch Shakespeare „Kaufmann von Venedig" V 1).

Wenn man die ungeraden Zahlen addiert, bekommt man Quadratzahlen:

$$1 + 3 = 2^2,\ 1 + 3 + 5 = 3^2,\ 1 + 3 + 5 + 7 = 4^2,$$

$1 + 3 + 5 + 7 + 9 = 5^2$, $1 + 3 + 5 + 7 + 9 + 11 = 6^2$ usw. Daraus folgt $4^2 + 3^2 = 5^2$. Das ist der arithmetische Ausdruck des pythagoreischen Lehrsatzes.

Die geraden Zahlen entsprechen geometrischen Flächeninhalten oder auch in einigen Fällen den Inhalten von Quadraten und Würfeln: $8 = 2^3$ (a^3 = Inhalt eines Würfels: *vgl. Gercke 279).*

29. Der Mittelpunkt der neuen Geistesrichtung war die Lehre von der Unsterblichkeit der Seele *(Herodot II 23 u. IV 95).* Den Glauben, daß mit dem Leibestod das Dasein des Menschen nicht völlig beendet sei und vom Menschen nach dem Tode hinter dem Sonnenuntergang oder der Erde ein Schattenbild weiterexistiere, fand Pythagoras vor. Revolutionär ist jedoch seine Ansicht, daß das Leben nach dem Abschluß des irdischen Daseins nicht ein glanzloses Schattendasein, sondern daß es das eigentliche erhöhte Leben ist, das Leben der Seele, die im Leibe gefangen war (vgl. Platon: Körper als Gefängnis der Seele). Diese Lehre ist aus der religiösen Inbrunst geboren: Der Mensch soll den Körper als Gefängnis der Seele verachten und die Reinheit der Seele verehren *(Gigon I 133).* In dieser Unsterblichkeit ist die Seele gottähnlich. Die Seele braucht keinen Leib für ihre Existenz, sie kann aber verschiedene Leiber als Wohnung wählen. Die Seele ist den Gestirnen ähnlich, und dort hat sie ihren ewigen Wohnsitz; dieser ist in der Milchstraße lokalisiert. Sie kann in allen Wesen des Kosmos wohnen (Seelenwanderung: Metempsychosis). Pythagoras soll in der Stimme eines Hündchens die eines Freundes erkannt haben. Xenophanes berichtet die Episode *(Diels-Kranz 131, 1; Kranz p. 51):* Als er einmal vorbeiging, so erzählt man, und beobachtete, wie ein Hündchen mißhandelt wurde, da habe ihn Mitleid ergriffen, und er habe dieses Wort gesagt: „Höre auf und schlage nicht weiter; denn es ist ja die Seele eines befreundeten Mannes, die ich erkannt habe, als ich ihre Stimme vernahm." Die Einkörperung der Seele in ein Wesen des Kosmos richtet sich nach der Reinheit des Lebens, das der Mensch geführt hat. So muß der Mensch durch die Gestaltung seines Lebens danach streben, daß die Seele beim Verlassen der irdischen Hülle in höherer Gestalt wiedergeboren wird. Auf dieser Grundlage wird die Lehre von der Reinigung verständlich, die auch die Gebote der praktischen Lebensführung umfaßt: Diätvorschriften (Bohnenverbot), Kleidungsvorschriften, vor allem auch der Vegetarismus (man soll kein lebendes Wesen töten; denn man weiß ja nicht, wessen Seele in ihm wohnt!) und nicht zuletzt das Verbot blutiger Opfer. Auch medizinische Lehren und Praktiken werden mit dieser Reinigungslehre gekoppelt. In diesem Rahmen sind auch die Musiktheorien zu verstehen: Die Musik reinigt und besänftigt die Seele (Katharsis). In Erweiterung der Beschäftigung mit der Musik als Katharsis

der Seele haben die Pythagoreer ihre berühmte Harmonie- und Musiklehre aufgebaut (Analyse der Tonleiter usw.).

30. Als Theologe bekämpft Pythagoras den Mythos von den Göttern bei Homer und Hesiod, obwohl dieser zum ersten Mal Zeus zum Walter über die Gerechtigkeit macht. Ein Gott hält in Gerechtigkeit die Welt zusammen; dieser Gott hat keine menschliche Gestalt und denkt nicht nach Art der Menschen. In den Einzelheiten der Gottesvorstellung lehnt sich Pythagoras an den Kult des Apoll von Delphi an, der im 6. Jahrhundert großen Einfluß ausübte. Der praktische Gottesdienst selbst erstrebte in Anlehnung an die orphischen Sekten eine Art schwärmerische Verzückung (Ekstase), in der die Seele aus dem Leib heraustritt und sich mit Gott vereinigt. Trotz all der phantastischen Mystik haben sich die Pythagoreer auf dem Gebiet der Mathematik und der musikalischen Harmonie, nicht minder der Astronomie bleibende Verdienste um die Wissenschaft erworben; auch die Beeinflussung Platons und der gesamten antiken Lehre vom Idealismus, des christlichen Weltbildes und der mittelalterlichen und neueren Kosmosforschungen durch die Lehre von der Unsterblichkeit der Seele und durch die kosmischen Theorien der Pythagoreer ist eine kulturhistorische Tatsache von weittragender Bedeutung. Sogar das Werk des großen Plastikers Polyklet über die harmonische Schönheit und die idealen Proportionen des menschlichen Körpers, der „Kanon", ist wahrscheinlich durch die Harmonielehre der Pythagoreer angeregt.

D. HERAKLEITOS

31. **Herakleitos** (rund 540–480) aus Ephesos war gegenüber den jonischen Physikern und Technikern ein die Menge verachtender aristokratischer Denker, der als Metaphysiker auf seine intuitive Gabe vertraute, der seine oft schwer zu deutenden Lehrsätze in Gestalt von Prosa-Gnomen niederlegte (daher der Beiname „der Dunkle"), die nicht ohne dichterische Kraft sind und sich in der Form bewußt an die delphischen Orakel anlehnen. Die Ergebnisse der jonischen Physiker und Techniker waren für ihn gleichgültige Vielwisserei. *Vielwisserei lehrt nicht Verstand haben; sonst hätte sie es den Hesiod gelehrt und den Pythagoras, ferner auch Xenophanes und Hekataios (fr. 40, Diels-Kranz).* Pythagoras bezeichnete er als Ahnherrn der Schwindeleien *(fr. 81 Diels-Kranz).*

32. Keiner Person hat sich, abgesehen von Pythagoras, die Philosophenlegende und Heroisierung in dem Maße bemächtigt, wie wir das bei Heraklit feststellen können. Das meiste Material bringt Diogenes Laertius, ein Kompilator um 275, in seiner Philosophengeschichte: Herakleitos, des Bloson Sohn aus Ephesos, stand um die 69. Olympiade (504–501) in der Blüte seiner Jahre. Er war sehr hochnäsig gegen jeder-

mann, was aus seiner Schrift offenbar ist: *Vielwisserei lehrt nicht Verstand haben* – (vgl. § 31). Auch die Ephesier tadelte er, als sie seinen Gefährten Hermodoros aus der Stadt verbannten: *Recht täten die Ephesier, wenn sie sich alle Mann für Mann aufhängen und den Unmündigen ihre Stadt hinterlassen würden, sie, die Hermodoros, ihren wackersten Mann, aus der Stadt gejagt haben mit den Worten: Von uns soll keiner der Wackerste sein, oder, wenn schon, dann anderswo und bei andern (fr. 121).* Als er einst von den Ephesiern aufgefordert wurde, ihnen Gesetze zu geben, lehnte er das ab, weil die Stadt schon in der Gewalt der schlechten Verfassung stehe. Er zog sich in den Artemistempel zurück und spielte mit den Knaben das Knöchelspiel. Als ihn die Ephesier umringten, sagte er: *Was staunt ihr Schufte? Oder ist es nicht besser, dies zu tun als mit euch den Staat zu lenken?* Andere Anekdoten berichtet Themistios, ein Platoniker um 350, in seiner Schrift über die Tugend: Als die sehr luxuriös lebenden Ephesier von den Persern belagert wurden, trat eine Hungersnot ein, da sie ihre üppige Lebensweise beibehielten. Da zeigte ihnen Heraklit den Weg, indem er sich unter das Volk setzte und in Wasser gekochte Gerstengrütze aß. Darauf zogen die Perser ab, nachdem sie gehört hatten, daß Heraklit seine Mitbürger zum einfachen Leben zurückführte; so räumten sie das Feld vor der Wassergrütze des Heraklit *(Diels-Kranz 144, 3b).* Heraklit wies die ihm angetragene Priesterstellung zurück und starb als Eremit im Gebirge in der Nähe eines Tempels.

33. Seine berühmte Prosaschrift deponierte Heraklit im Heiligtum der Artemis zu Ephesos. Dieses Werk war durch seine aggressiven Kernsätze bekannt, z. B.: *Homer verdient aus den Preiswettkämpfen verwiesen und mit Ruten gestrichen zu werden, ebenso Archilochos (fr. 42).* Homer griff er in seinen Sätzen öfters an, so im *fr. 56: Die Menschen lassen sich über die Kenntnis der sichtbaren Dinge ähnlich zum besten halten wie Homer, der doch weiser war als die Hellenen alle zusammen: Ihn foppten nämlich Jungen, die der Läusejagd oblagen, indem sie ihm zuriefen: Alles, was wir gesehen und gegriffen haben, lassen wir da; was wir aber nicht gesehen und nicht gegriffen haben, bringen wir mit.*

Aus den 126 Kernsätzen, die wir als authentisch ansprechen dürfen (er ist der erste Philosoph der Griechen, von dem wir wörtliche Fragmente besitzen), können wir uns nur ein ungefähres Bild seiner Tätigkeit und Lehre zusammenkonstruieren, zumal er mit Absicht unwissenschaftlich und aphoristisch schrieb. Als echter Subjektivist und Individualist bedient er sich eines blockartigen Stils.

34. Neu ist, daß er eine Durchdringung des Kosmos mit ethischem Sinne und die Einordnung des menschlichen Handelns in den Ablauf des Kosmos lehrt *(Gigon I 199).* Der Kosmos entsteht durch den Krieg der Gegensätze und ist wieder die verborgene Einheit dieser Gegensätze. Alles ist Kampf von Gegensätzen, und alles ist die Einheit der Gegensätze; auch der Staat hat den Kampf als Bestimmung. Zum Verständnis seiner dunklen Sätze zieht man am besten das Symbol

„Leier und Bogen“ heran: Wie die Bewegung des Bogens und die Schwingungen der Leier nur dadurch zustande kommen, daß diese Werkzeuge aus gegenstrebigen Hölzern gefertigt sind, so kann Werden nur in Gegensätzen vor sich gehen, indem Eines „auseinanderstrebend zusammenstimmt“ *(fr. 51, Hoffmann 47)*. Es gibt ein ewiges Gesetz (L o g o s), nach dem alles geschieht; die Menschen handeln nach diesem Logos wie Schlafende, ohne zu wissen, wie und warum; nur Heraklit weiß im Gegensatz zu den ahnungslosen Alltagsmenschen um diesen Logos, den er in seinen Lehrsätzen künden wird *(Gigon III, 11 ff.)*.

Der Krieg, der unter den Menschen herrscht und die Tapferen zu Göttern macht, tritt auch zutage im Entstehen und Vergehen der Dinge, der Erde, des Wassers und der Seele. „D e r K r i e g i s t d e r V a t e r v o n a l l e m , König von allem; die einen erweist er als Götter, die andern als Menschen, die einen macht er zu Sklaven, die andern zu Freien“ *(fr. 53 bei Diels-Kranz, vgl. Gigon I, 210)*.

35. Dieser berühmte Ausspruch über den Krieg ist kulturphilosophisch zu verstehen: Wir müssen ihn zusammenstellen mit einem Axiom aus dem hippokratischen Corpus (Sammlung der Schriften der Hippokratesschule), das als ältestes Dokument d i e L e h r e v o m K a m p f u m s D a s e i n u n d v o n d e r A u s l e s e d e r T ü c h t i g s t e n formuliert: *in der Zeit, da es noch keine Ärzte gab, gingen die schwächeren Naturen zugrunde; nur die kräftigen Naturen seien imstande gewesen, die rohe von der Erde gebotene Nahrung zu genießen.* In welch hohem Maße Heraklit von den Kardinalsätzen der Medizin und Naturwissenschaft angeregt wurde, das wäre noch im einzelnen zu untersuchen. Daß er der M e d i z i n sehr nahe stand, beweist auch die Tatsache, daß zwei Diätabhandlungen aus dem Kreis der Herakliteer in das Corpus der hippokratischen Schriften kamen. Der Satz vom Kampf ums Dasein aus dem Hippokratescorpus ist ihm aus dem Herzen gesprochen; er deutet ihn in kulturphilosophischem Sinne: für ihn, den Geistesaristokraten, ist d e r K a m p f i n N a t u r u n d K u l t u r die Ursache katexochen; im Daseinskampf zieht er als Auslesefaktor den Graben zwischen den tapferen und reinen und den gemeinen Seelen; aber auch in der Natur, im Kampf der Organismen und Geschöpfe verhilft der Krieg dem Lebensfähigen zum Sieg. Und in Verbindung mit der Theorie vom Feuchten und Trockenen (höchste Stufe das Feuer!) heißt die Scheidung: Hier die feuchten, gemeinen Seelen, die noch in der Unterwelt im Dunste leben, dort die unsterblichen, trockenen reinen Seelen *(Hoffmann 55/56)*.

36. Das F e u e r ist der Regent des Kosmos, der Kosmos ist Feuer: *Diesen Kosmos, denselben für alle Wesen, hat weder einer der Götter noch der Menschen gemacht, sondern er war immer und ist und wird sein, ewiges lebendiges Feuer, erglimmend nach Maßen und erlöschend nach Maßen (fr. 30). Das Feuer steht unter dem Gesetz des Schicksals (Gigon 223) und steuert das All* (alles steuert der Blitz: *fr. 64 Diels-Kranz, Gigon 214)*. Hier werden auch ethische Gesichtspunkte hineingezogen: Alles wird das

Feuer, wenn es herankommt, richten und ergreifen *(fr. 66). Dieses Feuer ist vernunftbegabt und Ursache der ganzen Weltregierung (fr. 64). Die Seele ist Feuer, und wenn sie ganz trocken ist, dann ist sie am weisesten (fr. 118).* Wie die Spinne in der Mitte des Netzes sitzt und überall hineilen kann, so ist die Seele im Körper des Menschen nicht an einem Ort lokalisiert, sondern sie kann sich überallhin bewegen, wo Empfindung ist *(fr. 67a, Gigon II, 233 ff.).*

37. Die Flußlehre (panta rhei: alles ist im Fluß): es gibt nichts Bleibendes, sondern nur ein fortwährendes Werden, ist offenbar von Platon und Aristoteles übertrieben breit ausgeführt worden[1]. Sie paßt indessen gut in das System des Ephesiers; grundlegend dafür ist das *fr. 12: Denen, die in dieselben Flüsse hineinsteigen, strömen andere und wieder andere Wasserfluten zu.* Überspitzt ist die Fassung in *fr. 91: Man kann nicht zweimal in denselben Fluß steigen nach Heraklit und nicht zweimal eine ihrer Beschaffenheit nach identische, vergängliche Substanz berühren.*

38. Als Politiker verachtet Heraklit den von seinem Standpunkte aus tierisch dummen Pöbel, die kritiklose Masse, die sich blindlings den sogenannten von den Göttern gesetzten Autoritäten hingibt. Sein Staat ist nach den Gesetzen des „Logos" aufgebaut; es ist der Gesetzesstaat. Vielleicht ist sein Freund Hermodoros derselbe Hermodoros gewesen, bei dem sich die Römer Rat geholt haben, als sie jene Informationsreise nach Griechenland gestartet haben, um Material für ihre Zwölftafelgesetze zu sammeln. Was er über den Gesetzesstaat denkt, deutet *fr. 114* an: *Wenn man mit dem Verstand reden will, muß man sich wappnen mit diesem allen Gemeinsamen wie eine Stadt mit dem Gesetz und noch stärker. Nähren sich doch alle menschlichen Gesetze aus dem einen Göttlichen.*

39. Was heißt nun Logos bei Heraklit? Wir können das Wort mit „Weltgesetz" übersetzen, an andern Stellen mit „die ewige, unvergängliche Weltvernunft"; das ist das Urfeuer, das einzige Sichere und Feste im ewigen Werden und Vergehen der Welt und der Organismen. Hören wir Heraklit selbst *(fr. 1 u. 2): Für diesen Logos aber, obgleich er ewig ist, gewinnen die Menschen kein Verständnis ... Alles geschieht nach diesem Logos; und doch gebärden sie sich wie Unerprobte, sooft sie es probieren mit solchen Worten und Werken, wie ich es verkünde, ein jegliches nach seiner Natur zerlegend und deutend ... Obwohl der Logos allen gemein ist, leben die meisten doch so, als ob sie eine eigene Einsicht (Phronesis) hätten.* Es gibt also nur den Weltlogos, das Weltgesetz; eine eigene private Vernunft gibt es nicht *(Hoffmann 49 ff.).*

40. Wie ist bei Heraklit der Kosmos aufgebaut?

1. Die zentrale Stellung, die Anaximenes der Sonne zugewiesen hat, bleibt: Lesen wir *fr. 99: Gäbe es keine Sonne, so wäre es Nacht trotz der übrigen Gestirne.*

---

[1] Zeller-Nestle I, 2, 797; dagegen Gigon III 106 ff u. E. Weerts, 8 ff.

2. Die Reihenfolge der Gestirne ist die gleiche wie bei Anaximenes: Sterne, Sonne, Mond *(Gigon I, 224–237)*.

41. Gegenüber dem Hylozoismus der Milesier (Stoff und die den Kosmos und die Organismen bewegende Kraft sind ein und dasselbe, untrennbar miteinander verbunden), wird hier die Scheidung des geistigen Prinzips von der Materie vollzogen. Die Macht des Logos steht über allem, das Weltgesetz, die Weltvernunft. Demgegenüber vermitteln die Sinneswahrnehmungen dem Menschen nur Meinungen, kein Wissen *(fr. 56. 78. 107): Schlimme Zeugen sind Augen und Ohren den Menschen (fr. 107)*. Wichtig ist hier ein Satz des Sextus Empiricus (Skeptiker um 270 n. Chr.) bei *Diels-Kranz 147, 36: Die Vernunft* (Logos) *erklärt er als den Prüfstein der Wahrheit, aber nicht jede beliebige, sondern die gemeinsame und göttliche.* Nur soweit der Mensch Anteil an dem Logos hat, ist er zur wahren Erkenntnis fähig. Hierauf beziehen sich später alle Philosophen, die die Sinneswahrnehmungen auf ihre Zuverlässigkeit prüfen. Heraklit ist der erste Philosoph, der die trügerische Rolle der Sinneswahrnehmungen nachwies und klar zum Ausdruck brachte. Hieran knüpfen Empedokles und Protagoras, vor allem Parmenides und Platon an; vor allem Platon fußt auf Heraklit in seinem Theaetet und anderen Dialogen: Die Sinneswahrnehmungen vermitteln nur Meinungen, aber kein wahres Wissen; über den Täuschungen der Sinnenwelt stehen die Ideen Platons, zu denen vom Logos des Heraklit über den Nus des Anaxagoras ein gerader Weg führt. Sonst ist Heraklit mit seinen orakelhaften, oft paradoxen Sätzen der große Anreger. Er ist von den Stoikern, Juden und Christen viel gelesen worden, auch Kratylos, der Lehrer Platons, kannte seine Werke. Eine Schule der Herakliteer bestand bis 400 v. Chr.

E. DIE SOGENANNTEN ELEATEN

42. Sowohl die Milesier als auch ihre Gegner fragen nach dem Urstoff der Welt, dem sie als Substanz das Prädikat „ist" zuschreiben. Aber neben dem Sein dieses Weltstoffes interessiert sie ebenso das Geheimnis des sich verändernden Weltprozesses, daß etwas wird und sich entwickelt (Anaximanders Lehre von der Entwicklung der Organismen), also das Geheimnis des **Werdens** neben der Tatsache des **Seins**. So kristallisieren sich allmählich die beiden Prinzipien Sein und Werden heraus. Schließen sie sich aus oder bestehen sie nebeneinander? Heraklits Lebensaufgabe gilt dem Preise des Werdens; für ihn steht ein starres, unbewegliches Sein im Widerspruch mit den Tatsachen des Flusses der Dinge und des Weltgeschehens. Das Problem „Sein" dagegen stellt die Schule von Elea in den Mittelpunkt durch ihren berühmten Meister Parmenides. Hier wirkt Xenophanes als Weg-

bereiter, indem er das Sein, die Existenz der Allgottheit erforscht und verkündet und eine pantheistische Weltanschauung begründet.

43. **Xenophanes** (570–475). Er ist ein neuer Typ, kein Aristokrat, kein Politiker; als Rhapsode zog er umher und trug, um sein Brot zu verdienen, die Werke Homers und Hesiods und alte Heldengedichte vor. Mit 25 Jahren mußte er wegen der persischen Invasion *(als der Meder kam)* aus der Vaterstadt Kolophon fliehen. Er durchwanderte Großgriechenland und Sizilien, und hier wurde er von der pythagoreischen Lehre über Gott und die Seele tief beeindruckt. Schließlich landete er, reich an Lebenserfahrung, in Elea (röm. Velia). Hier gründete er eine Schule und nahm auch Verbindung mit Parmenides auf. Hatten bisher die Philosophen nur in Prosa geschrieben, so wählte Xenophanes als Rhapsode und Berufssänger eine neue Form, die Elegie in Hexametern, eine Art Kurzgedicht mit subjektiver Färbung. Die Erde ist ein Baumstumpf, der in unendlichen Tiefen seine Wurzeln hat; sie stößt an die Luft; die Höhe des Luftraums ist unbegrenzt. Alles, was wächst, ist aus E r d e   u n d   W a s s e r *(fr. 29 Diels-Kranz).* Die hauptsächlichsten Veränderungen der Erde werden durch periodische Überschwemmung und Austrocknung verursacht *(Gigon I 167).* Als guter geologischer Beobachter wies er die frühere Bedeckung der Erde durch das Meer an Hand v o n   F u n d e n   v e r s t e i n e r t e r   T i e r e   u n d   P f l a n z e n   n a c h. Er entdeckte in Syrakus und auf Malta Fossilien und knüpfte daran die Folgerung: Wenn mitten im Lande und auf Bergen sich Reste von Meereswesen finden, so können diese Funde nur aus einer Zeit stammen, da alles vom Meer bedeckt war. So ist er der B e g r ü n d e r   d e r   g e o l o g i s c h e n   F o r s c h u n g. Auch als Meteorologe hatte Xenophanes einen Ruf. Er soll behauptet haben, der Mond sei bewohnt und habe Städte und Berge.

44. Als T h e o l o g e bekämpfte er Homers und Hesiods Anthropomorphismus. (Jedes Volk stellt sich die Gottheit so vor, wie es selbst aussieht.) Weiterhin eifert er gegen die Vielheit der Götter, vor allem gegen die Unsittlichkeit, die der M y t h o s den Göttern zutraut. *Nicht in Gestalt ist die Gottheit den Sterblichen ähnlich und nicht in Gedanken (fr. 23,2).* Die Gottheit ist der vollkommenen Figur der Kugel ähnlich. Gott ist ein geistiges, alle Körperlichkeit übersteigendes Wesen. Ohne Mühe erschüttert er das All mit der Denkkraft des Geistes (N u s = νοῦς: *fr. 25);* die Gottheit bleibt stets an demselben Ort, sich nicht bewegend *(fr. 26).* Es kann nur e i n e n   e i n z i g e n   G o t t geben. Diese Gotteslehre ist eindrucksvoll durch ihre Geschlossenheit. Im ganzen gesehen sucht er die Kosmologie der Jonier mit der Lehre der Pythagoreer zu verbinden. Eine Probe aus dem Werk „Silloi“ (Spottverse): *Alles haben Homer und Hesiod den Göttern angehängt, was nur bei Menschen Schimpf und Schande ist: Stehlen, Ehebrechen und sich gegenseitig Betrügen (fr. 11). Die Äthiopier behaupten, ihre Götter seien schwarz und stumpfnasig, die Thraker: blauäugig und rothaarig (fr. 16).* Aus dem Werk „Über die Natur“: *Ein einziger Gott,*

unter Göttern und Menschen der größte, weder an Gestalt den Sterblichen ähnlich, noch an Gedanken (fr. 23).

45. **Parmenides** (geb. um 540), aus Elea, kehrte nach der Art der Theogonie zum epischen Langgedicht zurück. Einzelheiten über sein Leben bietet uns der auch hier unentbehrliche Diogenes Laertius: *Den Xenophanes hörte als Schüler Parmenides, des Pyres Sohn aus Elea. Er hatte aber auch Gemeinschaft mit Ameinias, des Diochaitas Sohn, dem Pythagoreer. Ihm ließ er nach dem Tode ein Heroenheiligtum errichten ... Parmenides hat seine Vaterstadt mit hervorragenden Gesetzen in eine gute Ordnung gebracht, so daß die Behörden die Bürger jedes Jahr einen Schwur ablegen ließen, sie würden den Gesetzen des Parmenides treu bleiben (Kranz 91).* Seine Blütezeit fällt in die 69. Olympiade (504–01).

46. Im Mittelpunkt seiner Forschungen steht der Begriff des Seins. Er trug als reisender Rhapsode seine didaktischen Gedichte vor und sammelte einen Kreis treuer Schüler um sich. Er war der erste Vorsokratiker, zu dem Sokrates in persönlichen Beziehungen stand. Im Vorwort seines Gedichtes (Über die Natur) fährt er auf einem Wagen, von Heliaden geleitet, auf der Bahn des Helios in das Haus des Lichtes, wo eine Göttin ihrem Schüler die Wahrheit verkündet, d. h. die Lehrsätze, die er der Göttin in den Mund legt. Zunächst wird der Begriff des Seins entwickelt. So gibt Parmenides das Thema für Jahrhunderte. Bezeichnend für seine Lehre ist, daß die Göttin ihm die wohlgerundete (Kugel als Vollkommenheit!) und in sich geschlossene Wahrheit und die Meinungen der Menschen, den Schein, offenbart: Das Meinen der Menschen ist ein Abbild der Wahrheit. Mit einer Methodik des Denkens, die aus der Gerichtsrhetorik stammt, formuliert er in bezug auf die Alternative zwischen Sein und Nichtsein: Entweder ist das Sein oder das Nichtsein; die dritte Möglichkeit ist, daß sowohl das Sein als auch das Nichtsein existieren. Zuerst eliminiert er das Nichtsein, dann die Möglichkeit von Sein und Nichtsein zugleich. So bleibt als einziges das Sein übrig *(fr. 4–8, Gigon I, 250 ff.).* Nichtseiendes kann weder erkannt noch ausgesprochen werden; denn der Umkreis des Denkens bleibt auf das Sein beschränkt. Sein und Denken ist aber dasselbe. Dem Denken ist das Sein zugeordnet; Nichtsein ist undenkbar, also ist es nicht.

47. Wie Descartes (cogito, ergo sum) geht Parmenides vom Denken aus, von der Erkenntnis des Gegenstandes, nicht vom Gegenstand der Erkenntnis *(Hoffmann 61).* Heraklit geht im Gegensatz zu Parmenides von der Welt und den Gegenständen aus und sucht der Weltwesenheit das Denken anzugleichen. Parmenides aber nimmt das Denken zum Ausgangspunkt seiner Betrachtungen und bestimmt von hier aus den Gegenstand des Denkens: er kommt zum Ergebnis: Denken bedeutet Seiendes denken; denken ist nur möglich in der Form logischer Urteile, das Urteil aber beruht gänzlich auf der Anerkenntnis des Seins. Dabei operieren wir mit der Kopula „ist“; aus dieser schließen wir auf ein Gleichheitsverhältnis zwischen Subjekt und Prädikat, ich urteile also in der Form: der

Lyder ist ein Mensch. Die Kopula „ist" bildet den allen Urteilen gemeinsamen Bestandteil. Denken heißt also: Mit Hilfe des „ist", d. h. des Seins zur Erkenntnis gelangen. Die Kopula „ist" als Bürgschaft des Seins und als Daseinsausdruck spielt in Platons Dialog *Parmenides* natürlich eine große Rolle. So gibt *(162 A)* das Urteil *das Nichtseiende ist nichtseiend* dem Nichtseienden durch das „ist" nach der Ansicht Platons und des Parmenides den Anspruch auf Sein = Dasein *(155 E);* daß Platon hier das „Ist" (als Kopula) als Ausdruck des Daseins und Bürgschaft des „Seins" auffaßt, ist natürlich ein logischer Irrtum *(Apelt).* Das „Sein" ist nicht nur der Gegenstand des Denkens, sondern sogar das Mittel des Denkens. Ja sogar: Das Sein denkt. *Denken und des Gedankens Ziel ist ein und dasselbe; denn nicht ohne das Seiende, in dem es sich ausgesprochen findet, kannst du das Denken antreffen (fr. 8).* Die Form, in der ich denke, die Urteilsform. ist untrennbar vom Sein. Daraus folgt: Wenn Denken und Erkenntnis gelten soll, muß der Inhalt des Gedachten als seiend angenommen werden *(Hoffmann 62).*

48. Wenn wir Urteile abgeben, deren Subjekte und Prädikate Einzelbestimmungen sind (Rose, Haus – rot, groß), so setzen wir mit dem Sein immer zugleich stillschweigend ein Nichtsein voraus: Das Haus ist groß (es ist also nicht klein). Wenn ich aber das Seiende als Ganzes, als All denke, das alles umfaßt, so gibt es daneben nichts anderes mehr; hier ist das Nichtsein ausgeschlossen. Da also dieses umfassende Sein jedes Nichtsein ausschließt, ist es ungeworden und unvergänglich. Da es aber auch jedes Anderssein ausschließt, ist es unbeweglich und unveränderlich: es ist auch unteilbar und in sich geschlossen, da es als ein einziges Seiendes jede Vielheit und Teilbarkeit ausschließt. In Anlehnung an die Pythagoreer, die für den Kosmos als vollkommenste Daseinsform die Kugel voraussetzten, folgert Parmenides: Das Seiende ist wie eine Kugel (diese ist vollkommen und homogen, sie hat überall denselben Abstand von der Mitte und überall gleiche Rundung; *Hoffmann 62/63, Gigon 1, 267 ff.).*

49. Wie steht es mit dem Werden? Wenn das Seiende allein denkbar ist, so ist das Werdende undenkbar. Das Werdende, Entstehende kann nur ein Übergang sein aus dem Nichtsein in das Sein. Da aber nur das Sein denkbar ist, ist damit die Existenz des Werdenden ausgeschlossen. Die Sinne aber weisen uns eine Welt vor, die einem Prozeß des Werdens unterworfen ist, ebenso steht es mit den Einzeldingen. Der Augenschein, den die Sinne vermitteln, widerspricht also dem Denken. Das von den Sinnen uns vermittelte Werden der Welt ist die Quelle alles Truges und aller Falschheit. So ist der Mensch in einer verzweifelten Lage. Seinem Denkorgan, das nur Seiendes denken kann, ist Werden, das bunte sich bewegende Leben, unangemessen. Also muß man mit Heraklit das Sein, wenn es in der Welt nicht heimisch ist, aus unsern Urteilen über die Welt ausrotten. Parmenides weist einen andern Weg. Auch mit der Scheinwelt müssen wir uns abfinden, indem wir die relativ besten Welterklärungen auslesen; sie sind und bleiben zwar mensch-

liche Wahngedanken, aber wir müssen diese auswählen, die der wirklichen Wahrheit am nächsten kommen *(Hoffmann 65).*

50. Die Lehre von der Kugelgestalt der Erde übernimmt Parmenides von den Pythagoreern. Die ruhende Erde beharrt in der Mitte des Weltganzen, indem sie nach allen Seiten vom Himmel gleichen Abstand hat *(Anaximander).* Er unterscheidet eine verbrannte Zone und zwei gemäßigte Zonen. In der Reihenfolge der Gestirne schließt sich Parmenides dem Anaximenes an: Fixsterne, Sonne, Mond.

51. Parmenides und Heraklit sind die beiden größten Philosophen der bis jetzt behandelten Periode der griechischen Philosophie. Beide haben das Verdienst, zwei philosophische Kernsätze aufgestellt zu haben, die den Urtatsachen entsprechen:

Heraklit: Der Weltprozeß vollzieht sich als ewiges Werden,

Parmenides: Das Denken ist an die Urteilsform mit der Kopula „ist" gebunden (praedikative Urteilsform), die das Sein zur alleinigen Grundlage hat; als Glieder des Weltganzen sind wir in den Prozeß des ewigen Werdens eingespannt; als denkende Intellekte sind wir auf das vom Denken geforderte Sein angewiesen *(Hoffmann 67).* Parmenides ist der Vater des philosophischen Beweises und der scharfen Formulierungen. Auf diesem Wege der für den naiven Leser oft widersinnigen Beweise folgt ihm Zenon.

52. **Zenon** (490–430), Lieblingsschüler des Parmenides, war zusammen mit seinem Lehrer in Athen, als Sokrates noch sehr jung war, und hielt dort Vorlesungen *(Platon, Parmenides 127 A ff.).* Aristoteles nennt ihn wegen der scharfen Widerlegung des Wertes unserer Sinneswahrnehmungen den Erfinder der Dialektik. Seine originellen Beweise richten sich vor allem gegen die Vielheit der Dinge und gegen die Bewegung: Der fliegende Pfeil ruht: denn er ist in jedem Moment an einer bestimmten Stelle des Raumes. Die Zeit, während der der Pfeil fliegt, ist eine Summe von Momenten. Da ich nur das Seiende, das Jetzt, denken kann, so muß ich diese Momente als lauter Jetztzustände (das „Jetzt" bei Aristoteles, vgl. Kranz 111) denken. Während jedes einzelnen dieser Jetztzustände befindet sich der Pfeil an einem Ort, d. h. er ruht. Wie kann er also, wenn er in jedem Moment ruht, in der Summe der Momente fliegen? (In Wirklichkeit ruht der Pfeil in keinem unteilbaren Augenblick, sondern er geht in jedem durch einen Punkt). Berühmt ist das von Aristoteles (bei Kranz 109ff. übersetzt) diskutierte Beispiel von Achilles und der Schildkröte: Achilles holt die Schildkröte, die einen Vorsprung erhalten hat, nie ein; er läuft zehnmal schneller als die Schildkröte, diese hat dafür aber 10 m Vorsprung. Wenn Achilles am Ausgangspunkt A der Schildkröte angelangt ist, ist diese $^1/_{10}$, also einen Meter weiter gekommen. Hat Achilles diese Strecke durchlaufen, so ist die Schildkröte wieder $^1/_{10}$ m voraus usw.; immer behält die Schildkröte $^1/_{10}$ der Strecke, die Achilles läuft, als Vorsprung. Zenon wollte offenbar nicht einsehen, daß die unendliche Folge abnehmender Teilstrecken trotz der Unerschöpflichkeit einen endlichen

Grenzwert (im Beispiel 11 1/9 m) besitzt und daß dasselbe auch für die unendliche Folge der zugehörigen Zeitabschnitte gilt, deren Grenzwert im Beispiel 1 1/9 Sekunden wäre, falls Achilles für die ersten 10 m eine Sekunde benötigte. Eine Strecke ist tatsächlich unendlich teilbar; das wußte Zenon, und darauf baute er seinen „Beweis" auf. Doch scheint er der Meinung gewesen zu sein, daß zum Durchlaufen der unendlich vielen Teilstrekken eine unendlich lange Zeit gehören würde, und ließ die angeführten mathematischen Tatsachen unbeachtet. Auf diesen Fehler weist schon Aristoteles hin (in der Metaphysik bei *Diels-Kranz 252 ff.; Kranz 108 ff.).*

53. **Melissos** von Samos, der als Admiral die athenische Flotte besiegte (411 v. Chr.), propagierte mit großem Eifer in seiner Schrift „Über das Seiende" die Lehre seines vergötterten Lehrers Parmenides. In einem seiner Beweise für die Unmöglichkeit der Bewegung führte er den neuen Begriff des leeren Raumes ein. Bewegungen kann man sich nur denken, wenn man einen leeren Raum annimmt; denn soll ein Ding an eine andere Stelle rücken, so muß diese, um es aufzunehmen, leer sein. An diesen neuen physikalischen Begriff des leeren Raumes knüpfen die Mechanisten an *(Hoffmann 72).*

F. DIE BEGRÜNDER DER MECHANISCHEN PHYSIK: MECHANISTEN

54. Was ist bis jetzt an grundlegenden Erkenntnissen neuer Forschungen gewonnen? Heraklit hatte in seiner Lehre vom Werden die *Bewegung des Geschehens in ihrem Wesen erfaßt (Hoffmann 73).* Mit der Seinslehre des Parmenides war jenes feste Grundelement gefunden, auf dem jedes bestimmende, urteilende Denken beruht. Aber beider Lehre kann die Fessel einer grandiosen Einseitigkeit nicht sprengen: der „dunkle" Prophet aus Ephesos wird dem Sein nicht gerecht, und der Weise aus Elea, den Platon den Großen nennt, da er zugleich Ehrfurcht und Furcht einflöße *(Theaetet 183 E),* dem Werden. Die Eleaten erklärten diese Welt, die wir mit der Sinneswahrnehmung aufnehmen, als einen Trug der Sinne; aber sie erklärten nicht, warum diese Trugbilder im Menschen entstehen, wie etwa Kopernikus klarmachte, warum wir glauben, die Erde stehe still. Alles drängte einer neuen Lösung entgegen, die zwischen der Lehre der beiden Giganten die richtige vermittelnde Brücke schlug. Eine solche Lösung suchte Empedokles. Er übernahm von den Eleaten die These, daß etwas in der Welt sein muß, was ewig und unvergänglich ist, daß vorher nicht Gewesenes unmöglich werden und Seiendes unmöglich untergehen kann; aber ebenso stand für ihn fest, daß nach der Meinung des Ephesiers in der Natur der ununterbrochene Prozeß des Werdens sich auswirke. Das Sein kann nur dem zuerkannt werden, was bleibenden Bestand hat; das aber ist die Materie. Diese wechselt ihre Formen, bleibt aber ihrer Quantität nach unver-

änderlich (G e s e t z v o n d e r E r h a l t u n g d e s S t o f f e s !). Wie steht es mit dem Werden? Dieses kann nur der Bewegung zugesprochen werden, die als Kraft auf diesen quantitativ beständigen Stoff wirkt. Damit sind die beiden wichtigen Begriffe **Stoff** und **Kraft** festgelegt. Das ist die Tat des Empedokles. Und nun überlegte er weiter und diskutierte die milesische Theorie vom e i n z i g e n U r s t o f f. Mit diesem kann man unmöglich die Vielseitigkeit des Werdeprozesses erklären. So kommt er auf 4 Grundstoffe *(Hoffmann 73 ff.; Zeller-Nestle I 2, 943).*

55. **Empedokles,** aus vornehmem Geschlechte in Akragas (Sizilien), um 483 geboren, erlebte seine Akmē in der 84ten Olympiade (um 444). Schon früh vergoldete die legendäre Heroisierung sein Leben. Eifriger Schüler des Parmenides und Bewunderer der Pythagoreer, war er als glänzender Redner (Aristoteles nennt ihn den Erfinder der Rhetorik) führender Politiker in seiner Vaterstadt; er begünstigte die Demokratie: *Empedokles bewies der Öffentlichkeit, daß die Vornehmsten unter den Bürgern voll von Hochmut und Uneinigkeit in den Staatsgeschäften seien, und befreite die Stadt von ihnen; auch erlöste er das Land von Unfruchtbarkeit und Pest. Aristoteles sagt von ihm, er sei ein freier Mann gewesen und jeder Herrschaft abgeneigt, da er die ihm angebotene Königsherrschaft ausgeschlagen habe (Diogenes Laertius bei Kranz 121).* Er soll mit 60 Jahren in den Feuerkessel des Ätna hineingesprungen sein. Werke: „Über die Natur“ (in Hexametern) und das „Sühnelied“ („Die Reinigungen“), enthaltend die Ethik und die Götterlehre.

56. Der Vermittlungsweg des Empedokles: Gegenüber dem einen Urstoff (Hyle) seiner Vorgänger nimmt er 4 E l e m e n t e[1] an (rhizomata = Wurzelstoffe oder Stoicheia = Stange, Grundstoff): *Zuerst vernimm die 4 Wurzelstoffe aller Dinge: Zeus der schimmernde* (Feuer) *und Here die lebenspendende* (Erde) *sowie Aidoneus* (unsichtbare Luft) *und Nestis* (eine sizilische Göttin = Wasser), *die durch ihre Tränen sprießen läßt irdischen Springquell.* Schon hier ist die mythische Einkleidung der physikalischen Begriffe typisch; vgl. später Liebe und Haß für Verbindung und Trennung.

Elemente:	Träger folgender Grundeigenschaften der Materie:
Feuer	trocken und warm
Luft	feucht und warm
Wasser	feucht und kalt
Erde	trocken und kalt

57. Diese Elemente kann man auch als Aggregatzustände der Stoffe ansehen: fest, flüssig, gasförmig, das Feuer als Werdeprozeß. Sie können in einander übergehen; z. B. wird das Wasser zu Luft, indem das Feuchte bleibt und das Kalte sich in das Warme verwandelt. Was wir Entstehen

[1] Die griechischen Wörter Rhizomata und Stoicheia übersetzen die Römer teils mit res, seit Lactantius aber mit e l e m e n t a ; dieser philosophische Fachausdruck hat vielleicht seinen Namen von den Buchstaben L, M, N, mit denen man in den Elementarschulen die Schreibübungen begann.

nennen, ist Verbindung, was wir Vergehen nennen, ist Trennung bestimmter Stoffe. So war einerseits die Idee vom unwandelbaren, ewig Seienden gerettet, nämlich in dem Bestand der 4 Elemente; durch die Theorie der Verbindung und Trennung aber war die wunderbare Vielfältigkeit der Naturerscheinungen erklärt. Der mechanische Prozeß der Bewegung durch das Verbinden und Trennen wird durch zwei Kräfte ausgelöst, die wieder mit mythischen Bildern bezeichnet werden: *Ein Doppeltes will ich dir verkünden. Bald wächst nämlich ein einziges Sein aus Mehrerem zusammen, bald scheidet es sich auch wieder, aus Einem Mehreres zu sein. Wie nun der sterblichen Dinge Entstehung doppelt ist, so ist auch ihre Abnahme doppelt. Denn die Vereinigung aller Dinge zeugt und zerstört die eine, die andere, eben herangewachsen, fliegt wieder auseinander, wenn sie die Elemente trennen. Und dieser beständige Wechsel hört nimmer auf; bald vereinigt sich alles zu einem in Liebe, bald auch trennen sich wieder die einzelnen Dinge im Haß des Streites*[1]. *Insofern nun so Eins aus Mehrerem zu entstehen pflegt, und Mehreres wieder aus dem Zerfall des Einen entsproßt, insofern findet eine Entstehung statt, und ihr Leben bleibt nicht unverändert; sofern aber ihr beständiger Wechsel nimmer aufhört, bleiben sie während des Kreislaufes stets unerschütterte Wesen (fr. 17; Kranz 137 ff.).*

58. Es gibt also zwei Bewegungsursachen in Form des mechanischen Prozesses der Trennung und der Verbindung, eine Ursache, die weder im Stoff ruht, noch auf mythische Weise durch einen überirdischen Anstoß von außen erklärt wird. Wie nun die Liebe die Elemente verbindet, so daß Körper und Organismen und Leben und Seele entstehen, und wie der Streit die Elemente trennt und die Auflösung der Organismen hervorruft, schildern vor allem die *Fragmente 17, 20 und 26,* entnommen den Werken von Aristoteles und Simplicius: *Bald vereinigen sich unter der Herrschaft der Liebe alle Glieder, welche die Leiblichkeit erlangt haben, auf der Höhe des blühenden Lebens, bald wieder getrennt durch die schlimmen Mächte des Zwistes irren sie einzeln voneinander getrennt am Gestade des Lebens auf und ab ...; durcheinander laufend werden diese vier Elemente zu Menschen und anderer Tiere Geschlechtern; bald vereinigen sich alle zu einer Ordnung in Liebe, bald trennen sich wieder die einzelnen Elemente im Hasse des Streites, bis sie, kaum zum All-einen zusammengewachsen, wieder unterliegen ... (vgl. Kranz 141 ff.). Wie wenn Maler die Farben mischen und bald Männer, bald Tiere, bald Vögel schaffen, so ist auch die Quelle aller sterblichen Dinge nichts anderes als diese vier Elemente (fr. 23).*

59. Je nachdem Haß oder Liebe überwiegen, entstehen die Perioden der Entwicklung des Kosmos und die Epochen der Erdgeschichte. In der ersten Periode sind die Elemente in der Mitte der Welt unter dem Regiment der

---

[1] In des Empedokles noch halb mythisch gefaßten Begriffen Liebe (Philia) und Haß (Neikos) sind Newtons Begriffe Attraktion und Repulsion vorgebildet.

Liebe harmonisch gemischt, wobei jede Art von Haß verbannt ist; das ist der kugelförmige Sphairos, ein seliger Gott. Aber von der Peripherie her dringt nun der Haß vor, und es entsteht ein Kampf der trennenden und vereinenden Kräfte. Das Resultat ist der Kosmos der zweiten Periode, in der wir leben, eine Periode der Gegensätze, welche die Entstehung der Einzelwesen fördert. Bei der Beschreibung des jetzigen Kosmos zeigt Empedokles eine genaue Kenntnis der Ursachen der Sonnenfinsternis: *Der Mond deckt der Sonne die Strahlen ab, während sie darüber geht, und verdunkelt so viel von der Erde, als die Breite des glanzäugigen Mondes beträgt (fr. 42; Hoffmann 76 ff.).* Durch die Wirbelbewegung, das Resultat des Kampfes zwischen Liebe und Haß, schied sich zuerst die Luft (Äther) ab, und daraus wurde das Himmelsgewölbe; dann sonderte sich das Feuer ab, das unter dem Himmel seinen Platz einnahm. Der Himmel besteht aus dem Nachthimmel, der dunklen Hälfte mit eingesprengten Feuerteilen, und dem feurigen Taghimmel. Die Sonne wirft als Spiegel die Strahlen des himmlischen Feuers zurück, wie der Mond die Strahlen der Sonne.

60. Die Biologie des Empedokles: Durch eine Art Urzeugung, durch die Kraft der die Erde belebenden Sonne, entstehen zunächst Zufallsgebilde, Vorstufen der Flora und Fauna. Er nahm einen stufenartigen Entwicklungsgang und Fortschritt an und verglich als erster die Lebensfunktionen der Pflanzen mit denen der Tiere. Durch diese vergleichenden morphologischen Studien wurde er der große Anreger für die Lehre von der Beseeltheit der Pflanzen. Bei seinen Ausführungen über die Entwickelung des Organischen aus dem Anorganischen kam er zu Schlüssen, die man ruhig mit der Selektionstheorie Darwins vergleichen kann:

1. Zunächst entstehen Zufallsgebilde, die wieder vergehen.
2. Menschen und Tiere sind zunächst unförmige Klumpen, die allmählich ihrem Lebenskampf entsprechende Glieder bekommen.
3. Indem die zweckmäßigen Organismen sich durchsetzen und unzweckmäßige absterben, entwickeln sich graduell die lebensfähigen Organismen.

61. Die Physiologie (über diese Frage streiten sich noch die Sachkundigen): Auch hier wies Empedokles Wege auf weite Sicht in die Jahrhunderte hinein. Den Mechanismus der Sinnesorgane erklärt er nach Theophrast *(Diels 217 ff.)* folgendermaßen: Entweder lösen sich von den wahrgenommenen Objekten kleinste Substanzabsonderungen ab (er nennt sie Abflüsse „Aporrhoai") und dringen in die Poren des Sinnesorgans ein. Mit diesen Poren sind die Sinnesorgane fähig, die Ausflüsse der Dinge aufzunehmen, falls sie hineinpassen. Oder die Abflüsse dringen von den Organen bis zu den Objekten. Kein geringerer als Theophrast ist auch hier unser Gewährsmann: *Er macht auch den Versuch, den Sehvorgang zu erklären, wie er vor sich geht. Er behauptet folgendes: Das Innere des Auges ist Feuer; dagegen sind die das Innere umgebenden Stoffe Wasser, Erde*

und Luft; durch diese Stoffe dringt das Feuer wegen seiner feinen Substanz hindurch wie das Licht in den Laternen. Die Poren des Wassers und des Feuers aber sind umschichtig gelagert, und wir sehen mit den Poren des Feuers die weißen, mit den Poren des Wassers aber die schwarzen Gegenstände; denn es passen die einen in die, die andern in die andern hinein (Theophrast, de sensu 1 ff. bei *Diels-Kranz 301 nr. 86).* In der gleichen Weise gelangen bei den Geruchs- und Geschmacksempfindungen kleinste Teilchen des Gegenstandes, den wir riechen oder schmecken, in die Poren von Mund und Nase. Grundsatz: Alles Gegenständliche wird durch Gleichartiges in unseren Sinnesorganen aufgenommen. Wir nehmen bestimmte Qualitäten der Sinneserscheinungen wahr mit den ihnen entsprechenden Organen[1]. Wenn Parmenides gelehrt hatte, daß Denken und Wahrnehmen einander entgegengesetzt sind. so lehrte Empedokles: Wie die Erscheinungen durch die Sinnesorgane den Weg zum Bewußtsein des Menschen finden, so hat auch die Denkkraft den Sitz im Körperlichen; auch der Denkakt ist ein mechanischer Prozeß und ist von der Mischung der Elemente im Körper abhängig; je feiner und dichter die Elemente gemischt sind, um so klarer denken wir. Die Denkkraft sitzt im Blute, das das innigste und feinste Gemisch der Elemente repräsentiert: *In den Fluten des Blutes nährt sich das Herz, wo ja gerade das vorzüglich sitzt, was bei den Menschen Denkkraft heißt; denn das um das Herz wallende Blut ist den Menschen die Denkkraft (Fr. 105, Kranz 151);* je nach dem vorhandenen Stoff wächst nämlich die Einsicht des Menschen *(Kranz l. c. Fr. 106).* Wenn auch gerade dieser Satz die Naivität seiner Erklärungsversuche des Erkenntnisbereiches ganz kraß bloßlegt, so ist eines klar: Er versuchte den Beziehungen von Denken und Wahrnehmen nachzuspüren.

62. Ganz im Gegensatz zu der mechanischen Erklärung der geistigen und seelischen Funktionen steht die Lehre von der Seelenwanderung mit ihrer *spiritualistischen Mystik:* Es gibt eine Welt von ewigen seligen Geistern. Es ist der Ratschluß des Schicksals, daß die, welche sich durch Mord oder Meineid vergangen haben, für 30 000 Horen von dem Seligensitz verbannt sind und, in rastloser Flucht umhergejagt, den Weg durch die verschiedensten Pflanzen-, Tier- und Menschenleiber antreten müssen. Nach gründlicher Reinigung dürfen die besten Seelen in den Körpern von Wahrsagern, Dichtern und Fürsten wohnen, um dann zu den Göttern zurückzukehren. Bedeutend ist Empedokles durch seine mechanische Naturerklärung, er ist der Begründer der mechani-

[1] Vgl. den berühmten Satz Goethes in dem dritten Buch der zahmen Xenien Nr. 152: *Wär nicht das Auge sonnenhaft, die Sonne könnt' es nie erblicken.* Goethe zitiert hier den Neuplatoniker Plotinos: *Nie hätte das Auge je die Sonne gesehen, wäre es nicht selbst sonnenhafter Natur; und ebenso wenig kann die Seele das Schöne sehen, wenn sie nicht selbst schön ist.* Plotinos geht auf Platon zurück *(Staat VI 508 B): Aber das sonnenartigste ist das Auge gewiß von allen Organen der sinnlichen Wahrnehmung.*

schen Weltauffassung. Der für die Chemie wichtige Begriff des Elements geht auf seine Stoicheia oder Rhizomata zurück, wenn auch seine Grundstoffe mit dem Wesen der Elemente im Sinne der modernen Wissenschaft nichts zu tun haben.

G. DIE ATOMISTEN

63. Die blühende Handelsstadt Abdera, die aus ganz unbekannten Gründen in den Ruf einer Schildbürgerstadt mit einfältigen Spießern gekommen war, konnte mit Stolz auf berühmte Philosophen wie Demokrit und Protagoras hinweisen. Besonders Demokritos, der Schöpfer eines der berühmtesten und für die Geschichte der philosophischen und naturwissenschaftlichen Forschung bedeutungsvollsten Lehrgebäude, verhalf seiner Vaterstadt zu unsterblichem Ruhm.

64. Der Begründer und aufbauende Lehrmeister der Atomlehre ist **Leukippos,** ein Zeitgenosse des Empedokles und Anaxagoras, nach Theophrast ein Schüler des Parmenides. Er stammte aus Milet in Jonien und kam dann nach Elea, wo er mit den Eleaten bekannt wurde; später begründete er in Abdera eine Philosophenschule. Von seinen Werken, die im Corpus der demokritischen Schriften untergetaucht sind, haben wir zwei einzige Fragmente *(Diels-Kranz II fr. 1 u. 2);* aus der „großen Weltordnung" überliefert ein Sophist nur einige Termini, so Atomos = Atom und das „Massive" im Gegensatz zum „Leeren". Aus dem Werke „über den Verstand" haben wir noch den Satz: *Kein Ding entsteht ohne Ursache, sondern alles aus bestimmtem Grunde und unter dem Druck der Notwendigkeit (Ananke).* Seine Gedanken aus der Überarbeitung durch Demokrit herauszulösen, ist unmöglich. Hören wir Aristoteles bei *Kranz 178 ff: Leukippos, der an der Parmenideischen Philosophie Anteil genommen hat, ging doch nicht denselben Weg wie Parmenides und Xenophanes in der Forschung über das Seiende, sondern wie es scheint den entgegengesetzten. Denn während jene das All zu einem Unbeweglichen, Ungewordenen, Begrenzten machen und nach dem Nichtseienden nicht einmal zu forschen gestatten, nahm dieser unendlich viele, immer bewegte Elemente an, die* Atome[1]), *und die Menge der unter ihnen vorhandenen Atomformen als unendlich ... Indem er das Wesen der Atome als „massiv" und voll nahm, sagte er, sie seien das Seiende und würden im Leeren hin- und hergetragen, das er Nichtseiendes nannte.*

65. Sein Schüler ist **Demokritos** aus Abdera (460–390), Zeitgenosse der Sophisten. Nach mehreren Quellen bereiste er den Orient. Er kam auch nach Ägypten zu den Priestern, um die Geometrie zu studieren, und zu den Chaldäern nach Persien und bis zum Arabischen Meer. Auch nach

---

1) Unzerschneidbar — unzerteilbar, von Cicero mit individuus übersetzt.

Indien und Äthiopien führte ihn sein Weg: *ich kam nach Athen, und niemand kannte mich! (fr. 116).* Er heißt in vielen Anekdoten der lachende Philosoph.

Seine vielen Werke wurden nach Tetralogien (13) geordnet, ethische, physische, mathematische, technische und „Verschiedenes". Gegenüber dem dunklen Heraklit rühmt Cicero seinen Stil als schwungvoll und klar[1]). Seine Gedanken entnahm er zum größten Teil aus den Werken des Leukippos, dessen Gestalt vor dem Ruhm seines Jüngers ganz verblaßt ist.

66. Als Säulen des konsequenten und einheitlichen Lehrgebäudes der Schule von Abdera bezeichnet Hoffmann *(81 ff.)* folgende Sätze:

1. Grundsatz der materialistischen Weltanschauung: Nichts existiert als die Atome und der leere Raum.

2. Das Substanzgesetz: Dieser Bestand ist ewig und unveränderlich. Was ist, kann nicht vernichtet werden, aus nichts kann nichts entstehen.

3. Das mechanistische Prinzip: Alles Werden ist mechanische Bewegung.

4. Kausalgesetz: Nichts geschieht zufällig, sondern alles aus einem Grunde und mit Notwendigkeit (*fr. 2* des Leukippos).

1. Nur ein Urstoff vereinigt auf sich die Prädikate, die Parmenides für das Seiende fordert: ungeworden, unveränderlich, unvergänglich; nur Atome, massiv und unteilbar als letzte Ur-Teile „sind" im Sinne des Denkurteils; unendlich an Zahl sind sie frei von den Eigenschaften, die unsere subjektiven Sinne den Dingen zudichten, also frei von Geruch, Geschmack, von Ton und Farbe, von Kälte und Wärme. Sie haben keine spezifischen Qualitäten, aber verursachen durch besondere Konstellation und Form Qualitäten; sie sind unendlich verschieden an Größe, Gestalt und Schwere. Als Bausteine der Materie verfügen sie auch über das, was der Materie zukommt: Raumerfüllung, Undurchdringlichkeit, Dichtigkeit und Schwere. Damit aber aus den Atomen sich Körper zusammenballen können, muß es einen Ort geben, wo das geschehen kann, einen Ort, der ihre Existenz als das einzig Seiende gewährleistet. Dieses zweite Prinzip, das ihre Existenz unbedingt verlangt, ist der leere Raum: Das Nichts (= das Leere, der leere Raum) existiert ebenso wie die Atome *(Kranz 189; Diels-Kranz fr. 156);* vgl. Kant: *Materie ist das Bewegliche, sofern es einen Raum erfüllt.* Nur, wenn ein leerer Raum da ist, können durch Bewegung und Zusammenballung Atomkomplexe sich bilden, nur auf dieser Basis können sie aufeinander einwirken; *sie werden im Leeren hin- und hergetragen, und durch ihr Zusammentreten bewirken sie Entstehen, durch Trennung Vergehen . . . (Kranz 181).* Die qualitätslosen Atome sind an „Schema" (Gestalt) unendlich mannigfaltig. Die Feueratome sind klein, kugelförmig, glatt; daneben gibt es sichelförmige, lange,

---

[1]) Er bildet neue Worte: Parallel zu „udén" steht das „den" = etwas, Kranz übersetzt: das Jcht.

hakenförmige usw. Die (wie Locke später sagt) primären Qualitäten der Dinge (Schwere und Härte) beruhen auf der Art der Anordnung und der Eigenart der Atome: je enger die Atome verbunden sind, um so härter ist der Körper; die Schwere hängt von der Zahl ab; die sekundären Qualitäten (warm, kalt, süß, bitter, schwarz, weiß) sind von der Form und Art der Atome und von der subjektiven Art abhängig, mit der der Mensch auf rauhe, runde, eckige, vieleckige, scharfkantige oder gekrümmte Atome reagiert. Hören wir Theophrast bei *Diels II 113, 129: Demokrit schreibt jedem Geschmack eine bestimmte Form der Atome zu: Der süße Geschmack wird durch runde und mittelgroße Atome veranlaßt; der zusammenziehende durch große, rauhe, vieleckige, nicht runde; den scharfen verursachen entsprechend seinem Namen scharfkantige, eckige, gekrümmte, feine; den ätzenden runde, feine, eckige und gekrümmte Atome; den salzigen eckige, mittelgroße, schiefe und gleichschenklige Atome; den bitteren runde und glatte, die geringe Höhe haben; den fetten Geschmack runde, feine, kleine. Die Seele ist durch den Körper verteilt und besteht aus leichten, glatten und runden Feueratomen; alles Leben und jegliche Seelentätigkeit beruht auf der Atombewegung.*

67. – 2. Das Gesetz vom ewigen Bestand der Substanz ist schon von Empedokles vorbereitet und von Demokrit besonders scharf betont, da er einen konstanten Stoff brauchte gegenüber dem Werden, das aus der Veränderung in der Konstellation der verschiedenförmigen Atome herauswächst. Der Satz vom ewigen Bestand der Substanz wurde dann in der Folgezeit öfters variiert; Kant gab ihm folgende Form: *Bei allem Wechsel der Erscheinung beharrt die Substanz, und das Quantum derselben wird in der Natur weder vermehrt noch vermindert (Hoffmann 84).*

68. – 3. Über das Wesen der mechanischen Bewegung gehen die Meinunnungen der modernen Interpreten auseinander *(Zeller-Nestle 1081 ff.).* Maßgebend ist eine Stelle bei Aristoteles: Die Atome sind in dem unendlichen Raum ewig in Bewegung, und bei Simplicius: Die Atome werden durch Druck und Stoß bewegt. Nach Sextus Empiricus nannte Demokrit die Atome „Natur". Sie werden im Leeren umhergeschleudert *(fr. 168; Kranz 189).* Die Schwere bewirkt, daß die Atome im leeren Raum fallen. Da sie verschieden schwer sind, fallen die leichteren langsamer als die schwereren (von welchem Fallgesetz im luftleeren Raum wußte Demokrit nichts?) und so entstehen Wirbel, Stoß und Gegenstoß, sie prallen aufeinander, es entstehen die mannigfaltigsten Bewegungen. Nach der Stelle des Sextus ist ja die Natur nichts anderes als Atome, die in Wirbelbewegungen im Leeren umhergeschleudert werden *(fr. 167 und 168).* Die Wirbel können nun gleichartige Atome zusammenführen, *wie man es sehen kann bei dem Durchsieben der Samen und bei den Steinen an der Brandung; denn dort ordnet sich durch das Wirbeln des Siebes Linse zu Linse, Weizen zu Weizen ... (fr. 164).* Oder *ein Wirbel mannigfaltiger Formen wird vom All abgesondert (fr. 167; Kranz 189).* So entstehen in unaufhörlicher Wir-

belbewegung der quantitativ verschiedenen Atome durch mechanischen Druck und Stoß Geschöpfe und Welten.

4. Das vierte Gesetz von der Kausalität rundet die geschlossene Lehre des Weisen von Abdera ab: in dem gewaltigen Mechanismus der Natur geschieht nichts ohne Ursache (griech. aitía, ein Wort, das auch „Schuld" heißt! lat. causa); die Natur ist *ein lückenloser Zusammenhang der Kausalitäten (Hoffmann 86).*

69. Mit dieser imponierenden Lehre von der Atomtheorie spannt sich ein weiter Bogen bis zu den neuesten Ergebnissen der Wissenschaften; allerdings eine gewaltige Bogenweite zwischen dem spekulativen System des Demokrit und der modernen Experimentalphysik mit ihren phantastischen Feinmessungen[1]! Gegenüber der unendlich großen Zahl der Atome kennt die moderne Wissenschaft rund 90 Atomtypen entsprechend den Elementen; von gewissen Atomgruppierungen, den Molekülen, wußte Demokrit noch nichts.

70. Ganz konsequent baut Demokrit auf dieser Basis seine Kosmologie und die andern Wissenszweige auf. *Die Welt nun, die eine runde Gestalt hat, bildete sich folgendermaßen: Da sich die Atome, deren Bewegung planlos und zufällig ist, ständig mit großer Geschwindigkeit bewegten, trafen viele von ihnen, die eine Menge von Unterschieden in Gestalt und Größe aufweisen, an demselben Punkt zusammen; da sanken alle, die größer und schwerer waren, nach unten. Alle aber, die klein, rund, glatt und schlüpfrig waren, wurden hinausgedrängt und in die Höhe getrieben. Diese bildeten nun, ineinander verflochten, das Himmelsgewölbe. Andere Atome von anderer Form und Größe bildeten, wie sie in die Höhe hinausgestoßen wurden, die Substanz der Gestirne. Aus den nach unten sich senkenden Massen entstand die Erde (Aetius, ein Doxograph bei Diels-Kranz II 77, 6 ff.).* Nehmen wir dazu *Diogenes Laertius bei Diels-Kranz II 70,21 ff.: Welten entstehen, indem Atome in den leeren Raum stürzen und sich umschlingen; infolge dieser Bewegung entsteht infolge ihres Wachstumes die Substanz der Gestirne ... Der Welten sind unzählige, sie lösen sich dereinst wieder in Atome auf. Die Welten aber entstehen folgendermaßen: Indem sie sich aus dem Unendlichen losreißen, bewegen sich viele Atome von verschiedenen Gestalten in einem riesigen leeren Raum: diese ballen sich zusammen und bewirken eine einzige Wirbelbewegung ... Die feinen Teile entweichen in das äußerste Leere, als ob sie durchgesiebt wären. Die übrigen bilden die erste kugelförmige Zusammenballung. Diese umfaßt in sich wie eine Haut die verschiedensten Körper. Die umgebende Haut wird dick, da die Atome infolge des Widerstandes der Mitte herumkreisen; so entsteht die Erde, indem die zur Mitte getriebenen Massen zusammenbleiben; diese Masse war zuerst feucht und schlammig.* Die Planeten sind durch Wirbelbewegungen aus gewaltigen Atomzusammenballungen entstanden, so auch unser Planet, auf dem wir leben. Daneben existieren noch unzählige

---

[1] Man kann heute mit Röntgenstrahlen einen Schattenriß der Atome aufnehmen, deren Abstände man mißt (zehnmillionster Teil eines Millimeters!).

Himmelskörper. Warum Demokrit als Physiker und großer Forscher die Kugelgestalt der Erde ablehnte und die Erde als eine flache von der Luft getragene Platte erklärte, ist ein Problem. Der Urzustand der Erde war schlammartig; aus diesem Erdschlamm entstanden dann durch eine Art Selektion der lebenstüchtigen Organismen alle Lebewesen von der Pflanze bis zum Menschen.

71. Auch die Seele ist auf Grund dieser Theorie körperlich zu erklären. Sie besteht aus feinen, glatten und runden Atomen, den Feueratomen, die durch den ganzen Leib verteilt sind. Die Seelentätigkeit hat in bestimmten Teilen ihre Teilfunktion lokalisiert. Die Feueratome der Seele werden beim Atem durch die Luft ergänzt. Nach dem Tode werden die Feueratome zerstreut. Die Seele ist das Edelste und Göttlichste im Menschen.

72. Die Wahrnehmungen kommen zustande durch die Veränderung, welche die von den Dingen ausgehenden Ausflüsse in der Seele hervorrufen. Das Sehen z. B. hat seinen Ursprung darin, daß die Bilder der Gegenstände, die sich von diesen ablösen, die vor ihnen liegende Luft in bestimmter Richtung gestalten, die dann wieder auf die Augen wirkt; dabei werden die einzelnen Arten der Atome von den gleichartigen in uns erfaßt. Die mißtrauische Ablehnung des Wertes der Sinneswahrnehmungen wird in dem Satz ausgesprochen: *Der gebräuchlichen Redeweise nach gibt es Farbe, Süßes und Bitteres, in Wahrheit aber nur Atome und Leeres (fr. 125).*

Die Lehre Demokrits ist ein monistischer Materialismus (nur ein Erklärungs- und Entstehungsprinzip für alle verschiedenartigen Erscheinungen und körperlichen und seelischen Funktionen). Da Demokrit aber auch behauptet, daß Geister, aus einer speziellen Art von Atomen zusammengeordnet, ein Sonderdasein führen, sprechen manche auch von Dualismus. Die Atomlehre wurde von dem französischen Forscher Pierre Gassendi (1592–1655) erneuert und erlebte im 20. Jahrhundert ihren größten Triumph.

73. Von tiefer Lebenserfahrung und feiner Menschenbeobachtung zeugen die moralischen Ratschläge des „lachenden Philosophen". *Weder Leib noch Geld machen die Menschen glücklich, sondern Geradheit und Vielsinnigkeit (fr. 40). Die Glückseligkeit besteht ihrem eigentlichen Wesen nach in der Heiterkeit und dem Wohlbefinden, der richtigen Stimmung und unwandelbaren Ruhe des Gemütes (Diels-Kranz 129,15ff.). Als stärkerer Mahner zur Tugend wird sich erweisen, wer Aufmunterung und überzeugendes Wort, als der, welcher Gesetz und Zwang anwendet (fr. 181). Ruhm (Erfolg) der Gerechtigkeit ist zuversichtliches und unverblüffbares Urteil, Ende der Ungerechtigkeit aber ist Angst vor Unglück (fr. 215). Gemeinsame Not ist schlimmer als die des einzelnen; denn da bleibt keine Hoffnung auf Beistand (fr. 287).* Vor allem gilt sein Preis der heiteren Gemütsruhe der Seele, die wie der glatte Meeresspiegel ist, den kein Sturm trübt, die keine Furcht, keine Dämonenangst noch sonst eine Leidenschaft bewegt. Über die Ehe sprach er mit größter Zurückhaltung, über die Frauen

ist sein Urteil sehr abfällig *(fr. 110. 111. 273).* Epikur (341–270) übernahm besonders die Ethik des Demokritos, der auf diesem Gebiet kein System aufgebaut hat, sondern nur als Warner und Ratgeber spricht.

74. Zusammenfassend können wir als das Ergebnis der auf dem materialistischen Grundprinzip aufgebauten Philosophie der Atomisten sagen: Sie haben die mechanische Physik begründet. Alle qualitativen Verhältnisse in der Welt werden auf quantitative, alle Vorgänge auf Bewegung zurückgeführt. Sie trennen scharf das Denken vom Wahrnehmen; die Atome können nur vom Denken erfaßt werden; die Wahrnehmung ist ein Spielball des Truges. Wenn aber diese beiden Kräfte dem Wesen nach so grundverschieden sind, dann müßte Demokrit einem klaren Dualismus huldigen, der zu seiner Grundlehre nicht paßt. Hier gerät er in Schwierigkeiten, wenn er z. B. die Sinne gegen den Verstand aufmarschieren läßt: *Du armer Verstand! Von uns nimmst du deine Beweisführung und willst uns damit besiegen! (fr. 125; Hoffmann 89 ff.).* Diese Lehre der Schule von Abdera macht Epikur zur Grundlage seiner Naturphilosophie; denn auch ihn beeindruckte dieses konsequente und geschlossene System der Kosmoserklärung, das Anthropologie, Psychologie, Physik, Ethik und Götterlehre in einem folgerichtig konstruierten Lehrgebäude unterbrachte.

H. ANAXAGORAS UND DIE AUSLÄUFER DER NATURPHILOSOPHIE

75. **Anaxagoras** aus Klazomenai bei Smyrna in Kleinasien war nach der Chronik des Apollodor in der 70. Olympiade (500–497) geboren und starb im ersten Jahr der 88. (428). *Er begann zu philosophieren in Athen unter Kallias (456). Ihn, den Weisheitslehrer, der des Perikles Lehrer war, zeigte man als einen an, der sich gegen die Götter versündigte; des Anaxagoras Schüler war auch Euripides ... Schließlich zog er von Athen fort nach Lampsakos, und dort beschloß er sein Leben. (Diogenes Laertius bei Kranz 161 ff.; Diels-Kranz II 5, 1).* Nach Theophrast war er ein kenntnisreicher Mathematiker und Astronom. Von seinem Aufenthalt in Athen werden viele Anekdoten überliefert, in denen auch Perikles, sein Schüler und Freund, und der Tragödiendichter Euripides eine Rolle spielen (Gigon I 262 ff.). Er wurde von den Gegnern seines Freundes Perikles des Atheismus angeklagt und mußte Athen verlassen; vor allem die Opferdeuter und Priester hatte er sich zu Feinden gemacht: Als die Orakeldeuter dem Perikles einen Widderkopf mit einem Horn in der Mitte der Stirn zeigten und dieses Phänomen als Wundererscheinung ausposaunten, deutete es Anaxagoras, nachdem er den Schädel seziert hatte, als eine einfache Anomalie der Stirnpartie. Er erregte auch dadurch Aufsehen, daß er sagte, ein bei Aigospotamoi herabgefallener Meteorstein sei ein abgesplittertes Stück der Sonne. Als man ihn als ungläubigen Aufklärungsphilosophen zum

Tode verurteilte, weil man die jedem Aberglauben abholde wissenschaftliche Schärfe des kühlen Forschers nicht verstand, sagte er: *Ebenso über jene wie über mich hat die Natur schon längst ihr Urteil gesprochen (Kranz 163).* Das der Kleinstadtpolitik abgewandte Leben dieses philosophischen Kosmopoliten galt später als das Musterbeispiel eines wahren Forscherlebens. Die Lampsakener verehrten ihn so, daß sie ihm einen Altar errichteten und zum Andenken an seinen Sterbemonat ein jährlich wiederkehrendes Kinderspiel veranstalteten, das noch im 3. Jahrhundert n. Chr. gefeiert wurde *(Kranz 163 nach Diogenes).*

76. Als Forscher setzte Anaxagoras gerade am schwächsten Punkt der mechanischen Welterklärung an: In dem aetiologisch bis zum letzten durchkonstruierten System bleibt immer noch die Frage nach der wahren Ursache der Bewegung, vor allem nach der zweckmäßigen Ordnung der Organismen und Lebewesen sowie des ganzen Kosmos durchaus offen. Der bewegende Urgrund hiervon kann nicht in der Materie liegen; es muß ein von der Materie unabhängiges Prinzip als Ursache der Bewegung und der Zweckmäßigkeit existieren. So kommt Anaxagoras zu der großen Entdeckung, daß *die Vernunft es ist* **(Nus),** *die alles anordnet und alles bewirkt; daß die Vernunft die Ursache von allem ist (Sokrates im Phaidon c. 47 Anfang).* Allerdings hätte, wie Sokrates d. h. Platon meint, diese berühmte Lehre von der göttlichen Vernunft als dem leitenden Prinzip des Weltalls und seiner wunderbaren Zweckmäßigkeit auf eine rein teleologische Kosmoserklärung hinführen müssen. Aber diese Scheidung zwischen dem Geistigen und dem Körperlichen, diesen Dualismus hat Anaxagoras nicht konsequent in seinem Lehrgebäude durchgeführt. Die beiden sich hieraus ergebenden philosophischen Aufgaben, erstens eine auf dem Zweckbegriff[1] basierte Naturphilosophie (als Ergänzung der auf mechanistische Prinzipien gegründeten Physik), zweitens eine auf dem Primat des Geistigen beruhende Erkenntnislehre, hat er nicht einmal in Angriff genommen. Die erste hat Aristoteles, die zweite Platon entwickelt, beide mit Berufung auf den Klazomenier *(Hoffmann 97 ff.).* Auf alle Fälle beginnt mit Anaxagoras eine neue Phase der griechischen Philosophie: Von jetzt an stehen der Geist und die Seele im Blickpunkt der Forschung.

77. In seinem Werk „Über die Natur", das mit den Worten begann: *Alle Dinge waren zusammen, unendlich der Menge wie der Kleinheit nach (fr. 1),* übernahm er im allgemeinen das Weltbild der Mechanisten; was

---

[1] Der Zweckbegriff in der Kosmogonie wird von Kant so formuliert: *Nun finden wir aber in der Welt zwar Zwecke, und die physische Teleologie stellt sie in solchem Maße dar, daß, wenn wir der Vernunft gemäß urteilen, wir zum Prinzip der Nachforschung in der Natur zuletzt Grund haben anzunehmen, daß in der Natur gar nichts ohne Zweck sei. Allein den Endzweck der Natur suchen wir in ihr selbst vergeblich. Dieser kann und muß daher, so wie die Idee davon nur in der Vernunft liegt, selbst seiner objektiven Möglichkeit nach nur in einem vernünftigen Wesen gesucht werden (Hoffmann 182 A. 22).*

aber die kleinsten Ur-Teile betrifft, so lehrte er eine neue Art von Elementarteilchen. Aristoteles sagt in seiner Schrift „de caelo“ bei *Diels II 17, 16 ff: Über die Urstoffe äußert Anaxagoras eine dem Empedokles entgegengesetzte Ansicht; dieser lehrt nämlich, daß das Feuer und die ihm entsprechenden andern Urstoffe Elemente (Stoicheia) der Körper seien und daß alle Dinge aus diesen beständen. Anaxagoras aber sagt das Gegenteil: die gleichteiligen Stoffe* **(Homoiomerien)** *seien die Elemente, wie z. B. Fleisch, Knochen und alles andere von der Art. Luft aber und Feuer seien Mischungen aus diesen und anderen Ur-Teilen* **(Spermata)***; denn es sei ein jedes von beiden aus allen unsichtbaren Homoiomerien zusammengesetzt; daher entstehe auch alles aus diesen.* Auf diese zahllosen, unveränderlichen Spermata oder nach Aristoteles Homoiomerien von mannigfach verschiedener Eigenart, unsichtbar und klein, aber bis ins Unendliche teilbar, wirken zwei Prozesse ein: *Im Bezug auf das Entstehen und Vergehen haben die Hellenen einen unrichtigen Sprachgebrauch; denn kein Ding entsteht oder vergeht, sondern es mischt sich oder scheidet sich von bereits vorhandenen Dingen. Und so würden sie demnach richtig statt von Entstehen von M i s c h u n g , statt von Vergehen von S c h e i d u n g sprechen (fr. 17).* Dadurch, daß Anaxagoras bis ins Unendliche teilbare zahllose Spermata von mannigfach verschiedener Eigenart (Gestalt, Farbe, Geschmack) annimmt, will er die vielgestaltige Mannigfaltigkeit der Erscheinungsformen der Materie erklären. Nur dadurch „entsteht alles aus allem“, weil „immer schon alles in allem enthalten ist“.

In der Erde sind Partikel von Getreide enthalten, im Getreide Partikel von Fleisch und Blut, zu denen das Getreide wird, wenn es als Brot in einen lebenden Organismus aufgenommen wird. Alles ist in allem, und das Einzelne hat seine Eigentümlichkeit bloß daher, daß Partikel einer bestimmten Art in überwiegender Mehrzahl sichtbar sind. Die Verwandlung eines Dinges in ein anderes bedeutet, daß bestimmte Partikel zurücktreten, andere sich in den Vordergrund schieben *(Gigon 237).* Wenn ein Gegenstand irgendeine Eigenschaft zu besitzen scheint, so kommt das daher, weil von dem entsprechenden Stoff mehr in ihm ist als von den andern Stoffen; in Wahrheit aber hat jedes Ding Stoffe jeder Art in sich, wenn es auch nur nach denen genannt wird, die in ihm vorherrschen *(Zeller-Nestle 1217 ff.).* Durch M i s c h u n g dieser Stoffe erklärt sich Anaxagoras das Entstehen, durch S c h e i d u n g das Vergehen. Die menschliche Wahrnehmung entsteht folgendermaßen: Alle Partikelarten sind auch im Menschen; er hat nun die Fähigkeit, auf jedes Hervortreten bestimmter Partikeln am Objekt mit bestimmten entsprechenden Partikeln in ihm selber wahrnehmend zu reagieren. Im Wahrnehmenden und im Wahrgenommenen ist also schlechthin alles enthalten, und jede Veränderung ist eine Umgruppierung innerhalb des Ganzen.

78. Wer gab den Anstoß zur ersten Bewegung? Hier setzt Anaxagoras den G e i s t (Nus = νοῦς) an. Er bewirkt als ordnende Kraft, daß aus den Spermata eine geordnete Welt von Gegenständen entsteht. Der Geist

wird von den Stoffen durch drei bestimmte Eigenschaften geschieden: Einfachheit des Wesens, Macht und Wissen. Er ist auch stofflich, aber er ist das Feinste und Reinste von allen Dingen. Der Geist scheidet Stoffe auf mechanischem Weg durch Wirbelbewegungen, die er hervorbringt. Über die Natur des Geistes und seine Tätigkeit sind die Ausführungen des Anaxagoras nicht klar. Auf keinen Fall hat er aber den Geist als Gottheit bezeichnet. Auch Anaxagoras betont die Ungenauigkeit und Unzuverlässigkeit der Sinneswahrnehmungen. Nach ihm sind alle Sinneswahrnehmungen mit Schmerz verbunden. Er belegt diese Behauptung empirisch durch die unangenehme Wirkung des grellen Lichtes und greller Töne.

Wichtig ist die Wirkung der Lehre des Anaxagoras auf die Sophisten; Gorgias stützt sich auf den Satz, daß im Subjekt und Objekt schlechthin alles enthalten sei und folgert weiter: also ist auch jede Wahrnehmung schlechthin wahr, da die gegenseitige Beziehung und Abhängigkeit (Korrelation) auch bei stärksten Veränderungen bestehen bleibt.

79. Anteil am Geiste hat nur der Mensch. Während die Tiere an Vitalität und Selbsthilfefähigkeit dem Menschen weit überlegen sind, ist dieser durch den Geist vor allen Lebewesen bevorzugt. So ist er in der Lage und berechtigt, die Tiere zu beherrschen. Damit eröffnet Anaxagoras die Diskussion über ein altes Thema aufs neue und führt es in die philosophische Reflexion über, die auf dieser Basis vor allem den Gedanken der Vorsehung erörtert. Aristoteles folgert weiter: Da der Geist ein Reservat des Menschen ist, besteht die höchste Glückseligkeit in der Tätigkeit dieses höchsten Gutes, des Geistes.

80. Im Rahmen der Diskussion der philosophischen Lebensführung ist Anaxagoras der erste Vertreter der „philosophischen Lebensform“ (βίος θεωρητικός = vita contemplativa). Er ist bewußt apolitisch. Als man ihm deswegen Vorwürfe machte, entgegnete er: er kümmere sich um sein Vaterland und zeigte gegen den Himmel (hier ist ja nach Ansicht der Pythagoreer die Seele zu Hause, da sie dieselbe feurige Substanz hat wie die Gestirne). Die über Anaxagoras berichtenden Anekdoten zeigen auch seine absolute Gleichgültigkeit gegen Besitz und äußere Ehren: als Lebenszweck bezeichnet er die Betrachtung des Himmels und der Gestirne und protestiert damit gegen die verbreitete Ansicht, die Erforschung der Himmelserscheinungen sei Blasphemie und gehe den Menschen nichts an. Anaxagoras aber sagt, daß die Seele ein Recht auf die Erforschung der Heimat habe. Platon hat diese Ansicht im *Theaetet* so formuliert: Nur der Leib des Philosophen liegt da in der Stadt, der Geist aber fliegt über die Erde hin und erforscht alle Räume des Himmels *(Gigon II 235).* Das alles erinnert an die Gestalt des Sokrates (auch für ihn bedeutet ja der Tod die Rückkehr in die Heimat). Ähnlich berührt auch die Antwort, die Anaxagoras einem gab, der fragte, wer der glücklichste Mensch sei: *Keiner von denen, die du meinst.*

81. Im Grunde seines Wesens war Anaxagoras ein klarer Wissenschaftler wie Aristoteles: Als Astronom stellt er als erster eine richtige Theorie über die Mondphasen auf; als Physiologe und Psychologe baut er auf der Lehre der pythagoreischen Mediziner, daß das Gehirn das Zentralorgan für die Sinnesorgane sei, seine Forschungen weiter aus und kommt zum Ergebnis, daß die sinnliche Wahrnehmung „vermittels" der Sinne, letzten Endes aber durch den Geist erfolgt. *(Hoffmann).*

82. Als Schüler des Anaxagoras werden Euripides (Sokrates von ganz späten Quellen) und vor allem Archelaos bezeichnet, der in einer Episode von dem Sokrates feindlich gesinnten Peripatetiker Aristoxenos von Tarent als Lehrer des Sokrates angeführt wird. Auch er nahm eine unendliche Menge gleichteiliger Körperchen an, aus denen die Dinge durch mechanische Zusammensetzung und Trennung entstanden sind. Diese Stoffe waren aber nach seiner Ansicht ursprünglich gemischt. Diese anfängliche Mischung setzte er in Anlehnung an Anaximenes der Luft gleich. Der Geist war von Anfang an mit den Stoffen verbunden.

83. Die Entstehung des Kosmos denkt sich Anaxagoras so: Die Spermata bildeten ursprünglich ein Gemenge, ein Durcheinander, in dem man nichts unterscheiden konnte *(fr. 1).* Dieses Gemenge setzte der Nus *(fr. 6. 9. 12. 13)* von dem Pol aus in Wirbelbewegung; diese erfaßte immer weitere Teile des unendlich ausgedehnten Weltstoffes. Durch diesen Wirbel schieden sich zunächst die verwandten Spermata in zwei Massen: Der dünne, warme, trockene Äther wurde nach außen getrieben, die dicke, feuchte und kalte Dunstmasse sammelte sich in der Mitte; erkaltend verdichtete sich diese Masse zu Wasser, Erde und Gestein. Von der walzenförmigen Erde wurden Steinmassen, durch den Wirbel weggeschleudert und weiter fortgewirbelt, im Äther glühend; so entstanden die Himmelskörper. Die Sonne übertrifft den Peloponnes mehrfach an Größe; der mit lebenden Wesen bewohnte, erdähnliche Mond ist ungefähr an Größe gleich dem Peloponnes *(Wellmann).*

84. **Die Geschichte der Atomistik.** Seitdem Aristoteles gegen die Atomhypothese den Vorwurf erhoben hat, daß sie genau wie die Milesier das wunderbare Naturgeschehen, die Mannigfaltigkeiten des harmonischen Kosmos zu schematisch und zu mechanisch aufgefaßt, erklärt und dargestellt habe, daß diese Methoden dem wirklichen Reichtum der Natur und ihrer Organismen nicht gerecht werde, daß man nicht mit einer Schemahypothese die verschiedenartigen Erscheinungen deuten könne, häufen sich die ablehnenden Urteile. Die Wunder der Zweckmäßigkeit und der Ordnung können nur durch die Annahme eines ganz anders gearteten göttlichen Prinzips, eines göttlichen Wesens, richtig verstanden und aufgeschlossen werden. Da Aristoteles diese tiefe Zweckmäßigkeit in den Vordergrund stellte, mußten dagegen alle mechanischen Theorien verblassen. Erst recht mußten alle diese Hypothesen vom Christentum abgelehnt werden. So hat dann erst die moderne Experimentalphysik die Atomlehre wieder aus dem jahrhundertelangen Schlaf erweckt.

85. Bestehen nun – abgesehen vom Namen – auch innere Linien, die von der alten Theorie zu der neuen Experimentalwissenschaft führen? Der Grundgedanke des Wortes Atom (unzerschneidbar, unteilbar) paßt auf den heutigen Atombegriff nicht mehr. Ein Atom im modernen Sinne ist nicht unteilbar; es ist ein Gebilde mit einem differenzierten Aufbau, bestehend aus Elementarteilchen (Elektronen, Protonen, Neutronen), aufgebaut aus zwei Hauptteilen, dem positiv geladenen Atomkern und einer negativ geladenen Elektronenhülse. Wir haben es also mit „geschlossenen Stoffindividuen" zu tun, und es gehören Spezialisten dazu, um den individuellen Aufbau der einzelnen Atome zu sezieren. Es ist also ein Akt der pietätvollen Tradition, wenn man bei dem Wort Atom geblieben ist und nicht einen andern, den Ergebnissen der Experimentalphysik entsprechenden Namen geschaffen hat. Nur eine Wesensart haben die modernen mit den antiken Atomen gemeinsam: ihre individuelle, unveränderliche Gestalt (vgl. G. Ronge, 81 ff.).

Probleme und Thesen der Vorsokratiker:

1. Hauptthema: **Sein** der Dinge:
   a) Frage nach dem **Urstoff**, dem **Woher** der Dinge (Belebtes und Unbelebtes noch nicht geschieden): Thales-Anaximander-Anaximenes.
   b) Frage nach der **Urform**, dem **Was der Dinge** – Welt: Pythagoreer.
   c) **Metaphysik des Seins:** Eleaten. Xenophanes-Parmenides-Zenon-Melissos.
2. Hauptthema: **Werden** und Veränderung:
   a) die **dynamische** Erklärung: Heraklit.
   b) **mechanische** Erklärung: Empedokles-Anaxagoras-Leukippos-Demokrit.
3. **Skepsis** – Verfall (Grund: Bisherige Lehren genügen nicht, da einander widersprechend; die Beweismethoden des physikalischen Bereiches reißt die Rhetorik an sich).
   a) **Theoretische** Kritik: Protagoras (Heraklit) – Gorgias (Parmenides).
   b) **Praktische** Kritik: Hippias-Kallikles.

Offene Frage: Warum versagt die mechanische Erklärung? **Lösung:** Einschaltung der **„andern"** Kraft.

II

Die Sophisten[1]

86. **Staatlicher Hintergrund. Bildungsidee (Paideia).** Mit den Sophisten treten wir in die sogenannte anthropozentrische Periode der griechischen Philosophie ein; jetzt tritt der Mensch in den Mittelpunkt der Forschung.

Wir sind gewohnt, bei der Nennung der Stadt Athen sofort an eine sehr frühe politische und vor allem geistige Vormachtstellung zu denken. Athen spielt aber weder in der seit dem achten Jahrhundert einsetzenden großen Ost- und Westkolonisation noch im alten Mythos der Panhellenen eine Rolle. Im sechsten Jahrhundert war Athen eine Provinzstadt. Die Wende vollzog sich am Anfang des fünften Jahrhunderts. Die Perserkriege und die geniale Politik der beiden Staatsmänner Themistokles und Aristides brachten zusammen mit der Gunst der Stunde ein wahres Wunder zustande, das Emporsteigen Athens zum politischen und geistigen Mittelpunkt der Hellenen. Eine Welle von kolonialgriechischen Gelehrten und Künstlern flutete über die neue Metropole herein. In Vorträgen und Schriften wandten sie sich an den teils zurückhaltenden, teils bildungshungrigen Athener. Was man damals unter Bildung verstand, was man von einem gebildeten Menschen verlangte, wie universal dieser für die Geschichte der Pädagogik wichtige Begriff damals war, wie wichtig für den Bestand der wachsenden Polis Athen, das hören wir in der Leichenrede bei *Thukydides II 35 ff., bes. 40 ff : Bei uns richtet ein und derselbe Mann seine Sorge auf das Leben des Staates wie auf das eigene Leben und darauf, daß er in hinlänglicher Weise denkend erfassen könne, was alle angeht, obwohl der eine zu dieser, der andere zu jener Tätigkeit gewendet ist; denn wir sind die einzigen, die jemand, der gar nicht an diesen Dingen Anteil nimmt, nicht für einen ruhigen Bürger, sondern für einen unnützen halten ... (c. 41). So sage ich denn, daß unsere Stadt eine Kraft der Erziehung für ganz Hellas ist ... (Regenbogen).*

---

[1] Sophistaí hießen (vgl. Herodot I 29 u. II 49) zunächst Seher, Dichter, Philosophen, Staatsmänner (Solon), dann speziell Lehrer der Wissenschaft und Bildung, vor allem der politischen Redekunst; durch Platons Schilderung der Auswüchse dieses Standes bekam das Wort σόφισμα (Sophisma) die Bedeutung: Trugschluß.

Man konnte wissenschaftliche und allgemeinbildende Abhandlungen über alle möglichen Themen kaufen. Vor allem interessierte sich der Athener für die Kunst, eine Rede zu halten, vor Gericht aufzutreten, geistreich zu debattieren, Politik zu treiben, ein Heer oder eine Flottenabteilung zu führen usw. Diesem Bedürfnis kamen die Sophisten entgegen, sie versprachen die Kunst der Lebensführung und der Staatsleitung, vor allem aber der Beherrschung des Wortes zu vermitteln.

87. **Philosophische Orientierung bei Parmenides, Zenon und Anaxagoras.** Wissenschaftlich orientieren sich die Sophisten vor allem bei Parmenides[1] und seinen Schülern. Die Naturphilosophie hatte eine systematische Darstellung des Kosmos aufgebaut. Der Welt, die wir anstaunen und die von den Naturphilosophen in ein wohlgeordnetes Lehrgebäude gebannt worden war, stellt Parmenides die Welt gegenüber, deren Dasein nur der denkende Geist feststellt. Er negiert alles, was das Publikum naiv gläubig als festes Ergebnis der Naturphilosophie hingenommen hatte; er *stellt der Welt, die wir sehen und die vom Mythos in farbenreichen Bildern beschrieben und von den Naturphilosophen geordnet wird, die Welt des reinen Seins gegenüber, die der reine Geist sich erobert (Gigon II 212).*

Das Sein ist ewig und darum unbeweglich, gleichartig und ohne sichtbare Qualitäten. Auf seine Zeitgenossen wirkt die Lehre als der Sieg des souveränen, auf sich gestellten Geistes über alles anschaulich Gegebene und Geglaubte *(Gigon II 213).* Alles ist wahr, was durch den Geist bewiesen werden kann, aber auch nur das. So wird der Mensch, der allein über dieses einzigartige Gut des Geistes verfügt, bei Protagoras zum Maß aller Dinge. Die Sophisten trieben dieses selbstbewußte Vertrauen auf das reine Denken bis zum äußersten.

88. Der Vermittler dieser neuen Lehre des Parmenides war sein ihn verehrender Schüler Zenon. Dieser hielt in Athen vor gefüllten Hörsälen Vorträge; er unterrichtete auch junge wißbegierige Athener gegen Geld (Honorare bis zu 100 Minen = 32 000 DM). Einer seiner Schüler war Kallias, ein Freund des Perikles, der ebenfalls bei Zenon sein Denken geübt hatte und von diesem in einem Vortrag gegen den Vorwurf des Hochmutes in Schutz genommen wurde. Zenon bot seine Lehren und Sätze in Dialogform dar und setzte seine Gedankengänge in lebendige Erzählungen und Bilder um. Oft wollte er offenbar bei seinen Scheinschlüssen die Fehler nicht sehen (vgl. Achilles und die Schildkröte § 52). Er wirkte als politischer Berater und Lehrer genau wie die Sophisten und übte seine Schüler in der abstrakten Spekulation.

89. Einen ähnlichen Widerhall wie Zenon hatte Anaxagoras, dessen berühmteste Hörer Perikles und Euripides waren. Perikles beruhigte einmal das abergläubische und ängstliche Volk, als am 3. 8. 431

[1] Vor allem Gorgias hat die logische Beweisführung des Parmenides übernommen und vom physikalischen Bereich auf den rhetorisch-politischen Bereich übertragen.

eine Sonnenfinsternis eintrat; er wies auf die meteorologischen Erklärungen des Anaxagoras hin. Die Feinde der ausländischen Intellektuellen und Aufklärer hängten dem Anaxagoras einen Prozeß an, den schon Platon nach den Motiven und dem Verlauf mit dem Sokratesprozeß vergleicht. Sie erwirkten einen Volksbeschluß: Wer die göttlichen Dinge nicht anerkenne, wer meteorologische Lehren vortrage, solle unter Anklage gestellt werden. Durch das Eintreten des Perikles wurde der Philosoph, der wie Sokrates als Modernist angeprangert war, freigesprochen, nachdem er zuerst zum Tode verurteilt werden sollte. Er ging dann in die Verbannung. Von Anaxagoras übernahmen die Sophisten auch die Sonderstellung des über den Verstand verfügenden Menschen im Gegensatz zu den Tieren, die ihm sonst in jeder Weise überlegen sind (§ 79).

90. Der bedeutendste Sophist war **Protagoras** (481–411). 40 Jahre lang ein gefeierter Lehrer, im Perikleskreis hochgeschätzt, verließ er, wegen Gottlosigkeit angeklagt, die Stadt Athen und ertrank auf der Überfahrt nach Sizilien.

Auch Protagoras war Ausländer, er kündigte in seinen Vorlesungen an, auch er lehre die Areté, jenes Mannesideal des alten Adels, das jetzt sich gewandelt habe, eine Art geistige Virtuosität, durch die man den anderen überlegen sei, durch die man sie überreden und dahin bringen könne, wohin man sie haben wolle *(Schwartz Ethik 75)*. Nicht jeder konnte seine hohen Honorare bezahlen; er war nach der Überlieferung der erste, der aus der Weisheit einen Erwerb machte. Was er über den Staat in seinen Vorlesungen lehrte, können wir aus dem berühmten Mythos im „Protagoras" *Platons 320 C ff.* erraten. Hier trägt er keine Aufsehen erregenden neuen Thesen vor. Das, wodurch er auffiel, war seine beißende Kritik; er versprach seinen Hörern, durch logistische Fangschlüsse die schwächere Sache[1] zur stärkeren und siegreichen zu machen (vgl. meinen Kommentar zur Apologie p. 6). Um seine geistige Überlegenheit zu zeigen, die er auch seinen Verehrern zu übermitteln versprach, griff er mit seiner Kritik sogar die Autorität Homers an. In seiner geschliffenen Dialektik bewies er, wie man für jede geistige Position eine Gegenposition finden könne.

Protagoras betonte in seinen Vorlesungen auf Grund der Ergebnisse der medizinischen Forschung die großen Schwankungen der Sinneswahrnehmungen. Darauf aufbauend, lehrte er die Verschiedenartigkeit und Wandelbarkeit des Denkens. Auch folgenden Satz baute er auf den Thesen der Mediziner auf: Ein gesunder und ein kranker Mensch werden über den Geschmack einer Speise verschieden aussagen; was aber ein jeder der beiden aussagt, ist richtig und wahr. Der Arzt als Sachverständiger muß entscheiden, welche Speise am bekömmlichsten ist. So ist es auch z. B. mit den ethischen Begriffen „fromm" und „gerecht". Was als gerecht erkannt wird, kann nützlich und schädlich sein.

---

[1] τὸν ἥττω λόγον κρείττω ποιεῖν *(Diels-Kranz 260, 5—11)*.

Der Erzieher und der Gesetzgeber müssen den Menschen so belehren, daß er z. B. die Gerechtigkeit in einem nützlichen Aspekt erkennen kann *(Gigon I 250 ff.)*. Hier ist der Begriff des Zuträglichen (Symphéron) entscheidend.

91. Diese Thesen stellt er in seinem Buch „Wahrheit“ auf, dessen erster Satz weltberühmt geworden ist. Kein Geringerer als Platon hat uns den Kernsatz überliefert. In seinem Dialog *Theaetet* werden die Kardinalfragen des Sokratischen „Gespräches“ kritisch diskutiert: Gibt es eine Gewißheit der Überzeugung, die jedem Zweifel standhält? Gibt es eine Gewißheit des Wissens, die für alle verbindliche Kraft hat? So wird hier der Begriff des Wissens der (Epistéme) unter die Lupe genommen. Die Hauptgegner, mit denen sich Sokrates hier auseinandersetzen mußte, waren die Sophisten, die den jungen Studenten die für die Jugend angenehme Ansicht einhämmerten: Es gibt keine absolut sichere Episteme; jede persönliche Meinung hat dasselbe Recht auf Gültigkeit, jeder ist König in seiner eigenen Gedankenwelt, wenn er seine Meinung genügend begründen kann. Der Exponent dieser Modernistenlehre war Protagoras. Als nun Theaetet das *Wissen als Wahrnehmung* definiert, da hakt Sokrates ein *(152 E 55, Diels-Kranz 263): Du hast, wie es mir scheint, keine schlechte Definition des Wissens gegeben, sondern eben die, welche auch Protagoras gab. Er sagte aber dasselbe auf eine etwas andere Weise: Er sagt nämlich, der* **Mensch** *sei das Maß aller Dinge, der seienden, daß sie sind, der nichtseienden, daß sie nicht sind*[1] (das ist der berühmte Homo-mensura-Satz nach der lateinischen Übersetzung: omnium rerum homo mensura est). Theaetet: *Gewiß, und nicht bloß einmal.* Sokrates: *Er meint es also doch so: Für mich ist alles so, wie es mir scheint, und für dich, wie es dir scheint. Ich bin ja ebenso Mensch wie du ...* Mit diesem Satz leitete Protagoras offenbar seine Lehre von der individuellen Subjektivität in seinem Werke ein, das auch „Logoi katabállontes“ heißt, d. h. die Worte, die den Gegner zu Boden werfen (das Bild ist vom Ringkampf entlehnt).

92. Gegenüber Parmenides betont Protagoras, für den ja auch Denken und Sein dasselbe sind, daß Denken und Sein immer wieder andersartig und vielfältig sind. Die Gegenstände ändern sich unaufhörlich; derselbe Gegenstand wirkt nicht nur auf jeden Menschen verschieden, sondern auch auf denselben Menschen bald so, bald anders. Für die Ethik stellt Protagoras folgende – sehr gefährliche – Theorie auf: Jede Handlung ist sowohl gerecht als ungerecht, sowohl tapfer als feige, je nach der Situation, in der sie geschieht *(Gigon II 277)*. In dem Buch „Über die Götter“ lesen wir *(Diels-Kranz 265): Über die Götter habe ich keine Möglichkeit zu wissen, weder daß sie sind, noch daß sie nicht sind, noch wie sie an Gestalt sind; denn vieles gibt es, was das Wissen hindert: die Nichtwahrnehmbarkeit und daß das Leben der Menschen kurz ist.*

---

[1] πάντων χρημάτων μέτρον ἐστὶν ἄνθρωπος, τῶν μὲν ὄντων ὡς ἔστιν, τῶν δὲ οὐκ ὄντων ὡς οὐκ ἔστιν.

93. **Gorgias** (483–375?), aus Leontinoi, kam 427 als Gesandter nach Athen, um ein Hilfegesuch der Vaterstadt zu überbringen, die von den Syrakusanern bedrängt war. Da er sich eines hohen Alters erfreute, wurde er einst nach seinen Lebensgrundsätzen gefragt; da soll er geantwortet haben: *Ich habe nie etwas um der Lust willen getan.* Als Redner trat er in purpurnen Gewändern auf und rühmte sich seiner Improvisationskunst, indem er behauptete, er könne jede Frage aus dem Stegreif beantworten. Sein ganzes Leben lang reiste er als vielgesuchter und beliebter Wanderredner umher. Erhalten sind die mythologischen Vorträge „Helena" und „Palamedes". Auch hier überschwemmt das Schwelgen in der schönen Form den Inhalt.

94. Auch Gorgias trug als Spezialist der Areté eine Tugendlehre vor. Auf einer Inschrift, die seine Statue in Olympia zierte (er selbst errichtete sich in Delphi ein goldenes Standbild), wird betont, daß keiner der Sterblichen durch die Kunst, die Seele und die Frömmigkeit des Mannes zu üben, berühmter war. Um dieses Ziel zu erreichen, schuf er eine mit der Poesie wetteifernde, von kühnen Metaphern überladene Kunstsprache, die wie ein Zaubermittel auf magische Weise seine Hörer faszinierte. Derselbe Mann feilte die dialektische Kunst der Gerichtsrede aus, die Kunst des Wahrscheinlichkeitsbeweises, die er erfunden haben soll. Aber sein Hauptziel war, die Zuhörer wie ein Magier an sich zu reißen, um mit ihnen zu machen, was er wollte. Dieser Auffassung liegt seine zersetzende Kritik der ekstatischen Seinslehre zugrunde, die er in seinem Werke „Über das Nicht-Seiende" oder „Über die Natur" begründete; hier predigte er einen extremen erkenntnistheoretischen Nihilismus, mit dem er den Satz des Parmenides umdrehte: *Man kann nur denken, was existiert, und das Nichtsein kann überhaupt nicht gedacht werden.* Gorgias trägt in 3 Kapiteln die These vor, daß nichts sei; selbst wenn etwas wäre, könne man es nicht erkennen; und wenn man es auch erkennen könne, könne man es nicht sagen; es sei „unmitteilbar". Wenn also nichts ist, so kommt es nicht auf den Gedanken und eine klare Beweisführung an, sondern vor allem auf den Sirenenklang der Worte, mit denen man die hypnotisierten Hörer betäubt und für sich einfängt. Man kann daher den Menschen auch nicht zu einer Areté erziehen; denn es gibt viele. Man muß den richtigen Moment abpassen, den Kairós; eine Rede muß im richtigen Kairos eingesetzt werden, damit sie wirkt *(Schwartz 78–80).* Auch sonst spielt der Kairos bei Gorgias eine Kardinalrolle.

Wie mußten diese paradox-überspitzten Beweisreihen, mit denen Gorgias den Parmenides übertrumpfen wollte, auf den Athener wirken? Dieses Thema von der Korrelativität von Denken und Sein hat dann Platon in seinem *Sophistes* behandelt; die Koordination der Sinneswahrnehmungen hat Aristoteles aufgegriffen.

95. Als Rhetor schrieb Gorgias eine Anweisung für die Redekunst (Techne). Er gilt als der Begründer der epideiktischen Beredsamkeit, die im Gegensatz zur Gerichtsredekunst auf Prunk- und

Musterreden Wert legte. Er selbst trat als Festredner in Delphi und Olympia auf. Sein Stil (er schrieb im attischen Dialekt) betonte den Rhythmus der Satzglieder, den Gleichklang und Endreim und arbeitete mit dem glänzenden Feuerwerk rhetorischer Kunstgriffe. Die Zuhörer berauschten sich an dieser Wortmusik. Seine virtuose Kunst, die Sprache zu meistern, hatte auf die attische Kunstprosa einen mächtigen Einfluß; Platon behandelt ihn in seinem Dialog Gorgias nicht ohne Achtung. Gorgias war insofern gefährlich, als er die Redekunst als Spiel betrieb, um über jedes Thema, auch über ethische Probleme, in berückender Form zu sprechen (vgl. meine Übersetzung des Symposions S. 50 ff., wo ich den Stil des Gorgias nachzuahmen versuchte).

96. **Hippias von Elis und Prodikos von Keos.** Im platonischen Kreis bekannt (er ist der Titelheld eines platonischen Dialoges), war Hippias in allen Wissenszweigen zu Hause und daher durch seine Polymathie berühmt. In seinem Werke „Die troische Erzählung" (τρωικὸς διάλογος) läßt er den Nestor Anweisungen darüber geben, was ein wackerer Mann zu tun habe. Mit noch größerem Respekt behandelt Platon den Prodikos von Keos, den auch Sokrates gehört hat. Von den damals in Sophistenkreisen bevorzugten Themen (Ursprung von Sprache, Gemeinschaft und Religion; Aufgabe der Dichtung; Tugendbegriff; System der Tugenden; Paideia; Bildungsprogramme) behandelte er u. a. Sprache und Religion in einer Schrift, die wir in Umrissen kennen. Wichtig ist eine Art Lexikon der Synonyma, in dem nahverwandte Worte ihrem Sinne nach umschrieben wurden.

97. **Bildung der Massen: Paideia.** Für die Bildung der Massen und die pädagogischen Grundbegriffe und Ziele hatten die Sophisten besondere Programme und Thesen aufgestellt. Aus dem Kreis der um die Paideia sich gruppierenden Fragen stellte man besonders folgende heraus: Welche Kräfte führen die Bildung des Menschen herbei? (Antwort: Begabung, Lernen, Üben.) Welche Fächer sind als Grundlage anzusetzen? (Antwort: Gymnastik, Musik und Grammatik). Welches ist das Ziel der Paideia? Der Sophist Damon nennt die innere Wohlgeordnetheit, Protagoras die Wohlberatenheit *(vgl. Gigon II 273 ff.).*

98. Wie soll sich der gebildete Athener zur Naturphilosophie stellen? Was sollen Astronomie und Geometrie einem Menschen nützen, der im Leben Erfolg haben will? Erzeugt nicht die Naturphilosophie Hybris und Blasphemie gegen die kultischen Bräuche? Man braucht nur die Bildungselemente, die den Menschen besser machen; die naturwissenschaftlichen Fächer braucht man – vor allem im praktischen Leben – nicht. Protagoras persönlich bekämpfte das Quadrivium: Astronomie, Geometrie, Musik und Arithmetik, das Hippias empfohlen hatte. Dann die Dichtung: Sie, vor allem die Tragödie, soll die Zuschauer nicht nur erschüttern, sondern der Dichter muß auch Erzieher des Volkes und vor allem der Jugend sein. Für die Poetik haben die Sophisten die Grundlage gelegt.

99. **Die Ethik.** Auf dem Gebiet der Ethik wurden die Kategorien der eleatischen Seinslehre auf die ethischen Begriffe übertragen (vielleicht von Protagoras). Einmal wird das Gute dem Sein gleichgesetzt, das Schlechte dem Nichtsein und die Tugenden nur als Namen der einen seienden Tugend angesehen; andererseits lehrte aber Protagoras: Jede Handlung ist sowohl gerecht als ungerecht, sowohl tapfer als auch feige, es kommt nur auf die Situation an, in der sie ausgeführt wird *(Gigon II 277;* vgl. oben § 90). Für die kommende Tugendlehre ist die erste Folgerung von der Einheit der Tugend sehr wichtig (vgl. Platons „Gorgias"). Bezüglich der Sitten und Sittengesetze wird festgestellt, daß sie nach Geschichtsperioden und Völkern ganz verschieden sind. Also ist Sitte nur willkürliche Menschensatzung (Nomos). Es gibt einen Unterschied zwischen den künstlichen Menschensatzungen (Nomoi) und der Natur (Physis). Wenn also die Sitte nur relativen Wert und relative Geltung hat, gibt es dann noch eine absolute, allgemeingültige Sittlichkeit? In der Natur ist auf alle Fälle das Faustrecht maßgebend. Daher kann niemand sich durch willkürliche Menschensatzungen gebunden fühlen, jeder soll dem Naturtrieb folgen. Hier setzt in der Ethik der neue Begriff des Zweckmäßigen und Zuträglichen (Sympheron) ein (vgl. § 90 und Platons Protagoras 333 D ff.): Gut ist, was für mich zweckmäßig ist (utilitaristisch-egoistische Moral). Was nützte es, daß derselbe Protagoras, der solche Lehren verkündete, auch Recht und Scheu als Gaben der Götter pries und den Wert der herkömmlichen Moral betonte?

100. Ein anderer Fragenkomplex: Wer gab dem Menschen die drei Güter, durch die er sich – abgesehen vom Verstand – vom Tier unterscheidet: die auf Gerechtigkeit gegründete Gemeinschaft, die Religion und die Sprache? Schon Xenophanes bestritt, daß es Gaben der Götter seien; vielmehr habe der Mensch sich diese Güter kraft der Vernunft allmählich errungen. Die Religion leitet man einmal aus dem abergläubischen Staunen vor den Himmelserscheinungen ab, dann aus dem Dank der Bauern für das Zusammenwirken von Regen und Sonne oder aus der klugen Berechnung der Gesetzgeber, die erkannten, daß nur religiös-abergläubische Menschen sich den Satzungen beugen. Die Sophisten kommen so allmählich zum Atheismus. Die Götter sind eine schädliche und kindliche Erfindung. Der Staat ist sekundär in der Not (gegen wilde Tiere, Unwetterkatastrophen und Menschenbosheit) geworden; der denkende Mensch braucht den Staat nicht, der ihn nur in seiner Freiheit hemmt. Die Sprache ist wie die Gemeinschaft durch gegenseitige Vereinbarung unter den Menschen entstanden, um sich zu verständigen. Für die Erziehung zu Politikern wirkte sich besonders das skrupellose Wort des Protagoras aus: Die schwächere Sache zur stärkeren machen (§ 90). Er hat das sicherlich nicht so verstanden wissen wollen, wie es von den Meistern advokatischer Verdrehungskünste ausgedeutet wurde.

III
Sokrates und die Sokratiker

A. SOKRATES

101. **Sein Leben.** Obwohl Sokrates von den Zeitgenossen des Perikles und in den Jahren der absinkenden Republik als eine einmalige Erscheinung angesehen und hingenommen wurde, obwohl er als Anreger, als ewig in der Frage stehender Mahner zur Fürsorge für die Seele, als Vollender der Darbietungsform philosophischer Probleme, die man „sokratischer Dialog" nennt, neben Platon und Aristoteles eine fürstliche Stellung in der antiken Philosophie eingenommen hat und in der modernen wieder einnimmt, fließen die wirklich verbürgten Nachrichten über sein Leben spärlich.

102. Sokrates wurde 470 als Sohn des Bildhauers Sophroniskos und der Hebamme Phainarete im Gau Alopekai (heute das Dorf Ambelopiki) geboren. Als jungen Steinmetzen soll ihn Kriton in einer Steinhauerwerkstatt entdeckt haben; er verliebte sich in die „seelische Charis" des jungen Steinmetzlehrlings und ließ ihm eine höhere Bildung zukommen. Nach einer andern Version hatte Sokrates in seiner Jugend ein unordentliches Leben geführt, wurde dann Steinmetz und von Archelaos entdeckt, als dieser die Werkstatt betrat und von der gewandten Art betroffen war, mit der Sokrates mit seinen Kameraden über Lohndifferenzen diskutierte. Demgegenüber berichtet Plutarch vom Eingreifen einer überirdischen Macht: Dem Vater wurde ein Göttersprudh zuteil, nach dem der Knabe im Schutze des Apollon Agoraios und der Musen stehe und einen bessern Führer durchs Leben habe als tausend Lehrer und Erzieher. Auch in der *Apologie 31 D* wird angedeutet, daß Sokrates schon sehr früh vom Daimonion beraten worden sei *(Gigon II 111).* Dazu stimmt, daß Sokrates im *„Staat" 496 C* betont, wie ihn das Daimonion schon als Jüngling beraten habe.

103. Sokrates war mit Xanthippe verheiratet und hatte drei Söhne. Im „Phaidon" treffen wir seine Frau neben ihm sitzend an. Als seine Freunde eintreten, klagt sie laut und sagt: „Nun werden diese deine Freunde zum letzten Male mit dir reden und du mit ihnen." Sokrates läßt sie dann von den Dienern des Kriton hinausführen, während sie sich jam-

mernd die Brust schlägt. Diese Szene zeigt, daß Philosophen wie Sokrates für die Stimmung der Frauenseele nichts übrig haben; allerdings scheint Xanthippe für die philosophische Lebensform ihres Mannes auch kein Verständnis gehabt zu haben. Eine zweite Frau Myrto wird von Aristoteles erwähnt; um beide schlingen sich viele Anekdoten. Daß Xanthippe schwer bildsam und unverträglich war, klingt überall durch. Die Söhne hießen Lamprokles, Sophroniskos und Menexenos. Über das Verhältnis zu seinen Kindern ist uns nur eine Szene überliefert: einmal überraschte Alkibiades den Sokrates, als er mit dem kleinen Lamprokles ein Kinderspiel durchführte. Sonst werden die Söhne meist bei der Diskussion des Themas erwähnt, daß die Söhne berühmter Männer oft mißraten, so die des Perikles und Sokrates *(Gigon II 124 ff.)*.

104. **Sokrates und der Staat.** Daß Sokrates wie jeder wehrfähige Athener an den Feldzügen und Gefechten teilnahm, ist selbstverständlich; daß er sich hervorragend als Soldat bewährt hat, wissen wir vor allem aus der Rede des Alkibiades im „Symposion". Bei Poteideia (432/31) holte er den schwerverwundeten Alkibiades mitten aus den Feinden heraus; der Tapferkeitspreis wurde auf Drängen des Sokrates dem Alkibiades zugesprochen. In der Schlacht bei Delion (424) soll er, von seinem Daimonion gewarnt, nicht die allgemeine Rückzugsroute eingeschlagen, sondern einen Seitenweg gewählt haben, wodurch er sich und seinen Freunden Laches und Alkibiades das Leben rettete. Auch bei Amphipolis war er dabei (422). Obwohl Xenophon über die besonderen Kriegstaten des Sokrates schweigt, haben wir keinen Grund, an der Tatsache zu zweifeln, daß er auch im Felde pflichtbewußt seinen Mann in hervorragender Weise gestellt hat *(vgl. Gigon II 152–58)*.

Zweimal ist Sokrates vor seinem großen Prozeß mit dem Staate in Konflikt geraten; diese Zusammenstöße sind nur als Vorspiel des letzten großen Konflikts. Xenophon berichtet (Platons Darstellung in der Apologie c. 20 ist ungenau), daß Sokrates gelegentlich des Arginusenprozesses, des größten Skandalprozesses Athens, Vorsitzender der Prytanen war; als solcher mußte er über den Antrag auf Todesstrafe gegen die Feldherrn abstimmen lassen, die nach dem Siege die Leichen der athenischen Matrosen wegen eines Sturmwetters nicht geborgen hatten. Er weigerte sich, das zu tun, weil der Antrag, der nur als Ausfluß des Willkürregimentes der Masse zu verstehen war, in gesetzwidriger Weise vorgebracht war. Platon *(Apologie 32 CD)* erwähnt als Gegenstück hierzu seinen Zusammenprall mit den dreißig Regenten; er beschränkt sich auf die für die Apologie wesentlichen Züge. Den vielen andern Zeugnissen können wir folgendes entnehmen: Sokrates wurde mit vier andern Athenern in das Regierungsgebäude gerufen; dort wurde ihnen der Befehl erteilt, einen gewissen Leon aus Salamis herbeizubringen, der hingerichtet werden sollte. Sokrates aber wollte sich nicht an diesem Verbrechen beteiligen; er ging nach Hause und ließ die andern den Befehl allein ausführen. Xenophon sucht in seinen *Memorabilien (I 2, 29–38)* den Haß der Dreißig gegen Sokrates durch eine Episode zu erklären: da man den Sokrates nicht fassen kann, wird ein Gesetz eingebracht, welches das Lehren der Redekunst verbietet. Ähnlich wird Sokrates im großen Prozeß beschuldigt, er gebe sich mit Naturphilosophie ab, obwohl davon keine Rede sein kann; aber die Gegner wissen nicht, wie sie Sokrates packen sollen. So verfallen sie auf die Anklage, die man allgemein gegen die Philosophen und Modernisten erhebt.

105. Wie steht Sokrates überhaupt zum Staat? Aus dem eben Ausgeführten ist klar geworden, daß seine nachweisbare praktische Anteilnahme an den wechselvollen Schicksalen der Stadt Athen und an der Politik bescheiden war. Konnte ein Mensch sich die Stellung des Sokrates zur Polis zum Vorbild nehmen? Wenn die Polis die Verwirklichung der wohltemperierten Ordnung der menschlichen Seele ist, dann ist das wohl möglich gewesen. Im bezug auf den Staat bedeutet das sokratische „Erkenne dich selbst!“: Bekenne dich als Glied der sittlichen Gemeinschaft, der du angehörst! Du darfst nicht als Privatmann deinem Gesetz folgen und dich überheblich dem Gemeinwohl entziehen (im Sinne der alten Volkstradition heißt der Spruch: Erkenne deine Grenzen, die dir als Mensch gezogen sind!).

Seine Schüler (Xenophon, Aristippos, Platon) haben das Verhältnis zum Staate verschieden aufgefaßt. Xenophon hat in seinen *Memorabilien (III 7)* Beispiele zusammengestellt, nach denen Sokrates junge fähige Leute zur aktiven Teilnahme an der Politik auffordert: kein begabter Mann dürfe sich der Polis versagen. Angst vor dem Auftreten braucht man auch nicht zu haben; denn vor Schustern und Schmieden, die man privat nicht fürchte, brauche man sich auch nicht zu fürchten, wenn sie als Masse auftreten. Wie die Apologie ein hinreißender Rechenschaftsbericht des einzigen und wahren Wohltäters und Staatsmannes der Polis Athen ist, werden wir weiter unten sehen. Sokrates selbst bekennt mit dem gleichen Selbstbewußtsein, das in der Apologie *(besonders 30 C* bis *31 C)* immer wieder aufleuchtet, im *Gorgias 521 D: Ich glaube, allein oder nur mit wenigen Athenern mich der wahren Staatskunst zu befleißigen und allein unter den Lebenden dem Staate wahrhaft zu dienen.* Und doch führte den Sokrates vor allem der Beruf als Seelenführer weg von der politischen Praxis und machte ihn in den Augen der Zeitgenossen zu einem unpolitischen Menschen. Auf die Frage, warum er nicht als praktischer Politiker auftrete, antwortet er bei Xenophon *(Mem. I 6, 15)*, sein Hauptberuf liege in der Aufgabe, andere zu tauglichen Politikern zu machen. In den *Memorabilien II 1* bekämpft Sokrates die Anweisung des Aristippos an die Jugend, man müsse außerhalb des Staatsverbandes leben. An einer andern Stelle warnt er vor den Lebensgefahren, die dem exponierten Politiker drohen und empfiehlt das Leben in der Verborgenheit. Bezüglich der Grundeinstellung des Sokrates zur Allgemeinheit und zum Staate heben die Sokratesgegner zwei Momente hervor *(Gigon II 138 ff.)*: Sokrates lehre die Verachtung der Gesetze, weil er es als einfältig bezeichne, die Regierung durch das

Los zu bestimmen. Das ist auch ein sophistischer Vorwurf gegen den Staat. Schwerwiegend ist auch die Behauptung, Sokrates verführe die Jugend zur Arbeitsscheu, die ein Gesetz Solons verbot. Diese angebliche Verachtung werktätiger Arbeit, die besonders in Sparta galt, sucht Xenophon zu widerlegen *(Mem. II 7):* Sokrates unterscheidet zwischen ehrlicher Arbeit und kindlichem Zeitvertreib. Alles in allem war Sokrates, was die Praxis betrifft, ein unpolitischer Mensch. Er betont auch in der *Apologie,* daß das D a i m o n i o n ihn an der praktischen Politik gehindert habe.

106. **Sokrates und das Daimonion.** Für die Zeitgenossen des Sokrates war das Daimonion ein Kuriosum, für die späteren Religionsphilosophen ein Anlaß zum systematischen Ausbau einer Dämonologie. Schon früh wurde Sokrates vom Daimonion beraten (§ 102). In der Apologie wird das Daimonion, abgesehen von der Anklageformulierung, dreimal als Warner angeführt: *31 D, 40 B/C und 41 D:* ebenso im *Theaetet 151 A.* Es ist eine mantische Stimme, die nur mit Sokrates persönlich zu tun hat und sich auf den Ausgang einer Handlung bezieht. Als Helfer bei der Erkenntnis tritt es n i c h t in Kraft, wie überhaupt nicht bei philosophisch-ethischen Problemen. Vor allem tritt der Warner auf, wenn es sich darum handelt, Freundschaften zu schließen *(vgl. Theaetet 151 A).* Bei Xenophon und den späteren Quellen wird die Wirkungsart und Reichweite des Daimonions vergrößert; es ist nicht nur Warner, sondern auch B e r a t e r, der sich sogar bei politischen und militärischen Aktionen meldet (vgl § 104); einmal kündigte das Daimonion den unglücklichen Ausgang der sizilischen Expedition an *(Gigon 144).* Die Kennzeichen des dämonischen Zeichens sind bei Platon: das Daimonion tritt nur als Warner auf; es ist streng getrennt vom Logos; es sagt das, was der Logos nicht erkennen kann. Vor allem ist es n i c h t das sittliche Gewissen. Was Sokrates zu tun hat und was nicht, sagt ihm sein Logos; das Daimonion bedeutet die S t i m m e d e s S c h i c k s a l s, die ihn immer so rechtzeitig warnt, daß er imstande ist, seinen göttlichen Auftrag zu erfüllen.

107. **Sokrates zur Philosophie berufen.** Wie man von Hesiod behauptet, er sei durch die Musen zum Dichter geweiht und berufen worden, so wird die göttliche Berufung des Sokrates besonders betont, und zwar bei ihm allein; denn alle späteren Versionen über die Berufung anderer Philosophen gehen auf das Vorbild des Sokrates zurück. Wir haben drei Fassungen der Berufung; einmal erzählt Sokrates selbst in der *Apologie 21 A,* deren erste Rede im zweiten Teil von dem Gedanken beherrscht wird, daß Sokrates auf Befehl der Gottheit philosophiert: Chairephon, der Freund des Sokrates, fragte einmal das Orakel von Delphi, ob jemand weiser sei als Sokrates. Der Spruch der Pythia lautete, es sei niemand weiser als Sokrates. Im *Phaidon 61 DE* erzählt Sokrates, wie ihn eine Stimme im Traume mehrmals ermahnte: Sokrates, übe und betreibe die musische Tätigkeit! Variationen vermischen die Motive. Im Rahmen der sieben Weisen wird der einfache Bauer Myson von der Gottheit als der Weiseste bezeichnet. Aber gerade in diesem Rahmen gibt es auch eine Legende, daß kein Mensch der

weiseste ist; der Gott allein ist weise, wie ja auch Platon im *Phaidros 278 D* den Sokrates sagen läßt: *ihn einen Weisen zu nennen, dünkt mir etwas Großes zu sein und nur einem Gott wohl anzustehen; aber einen Philosophen, einen Weisheitsfreund ..., das möchte doch wohl für ihn mehr passen.* Sokrates bezeichnet ja auch in der *Apologie 23 A* die Behauptung, er sei weise, als eine Verleumdung. Die dritte Fassung der Berufung bietet Aristoteles *(Gigon II 101):* Sokrates las einmal bei einem Aufenthalt in Delphi den Spruch: Erkenne dich selbst! Das war für ihn der Ansporn zum Philosophieren. Was diese Mahnung bedeutet, wird aus der *Apologie 21 B-23 B* und aus *Xenophon Mem. IV 2, 24–30 klar:* Man soll sich über den Umfang und die Grenzen seines *Wissens*[1] *im klaren sein.* Platon aber baut noch den Begriff der Oiesis, des Meinens ein, das schon Heraklit geißelt *(fr. 46),* der ja als erster seine Aufgabe in der Destruktion des Menschenwissens sah. Die Oiesis nannte er fallendes Weh und das Gesicht trügerisch. So hat also der Philosoph die Aufgabe, das Scheinwissen und Meinen der andern Menschen zu enthüllen und sie über ihre Unwissenheit aufzuklären. Platon denkt vor allem an die Unwissenheit über das letzte Ziel des menschlichen Denkens und Handelns, das Unwissen über das Gute *(Agathon).* Für Platon besteht eine besondere Wissenschaft über das Gute als den einzigen Weg zum Ziel. Xenophon hält das für eine Aufgabe der Mantik. Berufen wird Sokrates nur in der Traumgeschichte; die andern Versionen sind nur eine Huldigung an den schon weisen Sokrates.

108. **Hauptpunkte der „Lehre" des Sokrates.** Das Wort „Lehre" ruft sofort den Kritiker auf den Plan: Eine eigentliche Lehre des Sokrates gibt es nicht, wie auch von Platon kein geschlossenes System aufgebaut worden ist. Sokrates prüft die Menschen in der Polis gemäß seiner göttlichen Berufung, er prüft ihr technisches Wissen, vor allem aber das Wissen um den Begriff des Guten und der Tugend. Er zerpflückt unbarmherzig ihr „Meinen"; er frägt in der Prüfung und steht immer in der Frage, eine unangenehme Bremse. Wenn ein Begriff durch die Diskussion als verfügbarer Besitz erscheint, ist er auch schon verfälscht. Er verlangt im Rahmen der ethischen Diskussionen unerbittlich, daß jeder sich über sein Tun und über

---

[1] Die Erkenntnisstufen sind bei Platon: die sinnliche Wahrnehmung: Aísthesis — die Meinung der großen Masse: Oiesis — die Vorstellung: Doxa, wie sie das Volk hat — eine höhere Art von dieser Vorstellung ist die richtige Vorstellung, das Wissen: Epistéme als die Erkenntnis des Seienden, vor allem der Wahrheit und der Tugenden (Areté). Das Wissen kann nur der wahre Philosoph besitzen; es ist nichts anderes als die Wiedererinnerung der Seele aus der Zeit, da sie noch nicht in das Gefängnis des Leibes eingesperrt war. (Über den Gegensatz von „Meinen" und „Wissen" vor allem *Menon 67 B ff* und *Phaidon c. 20 ff.*) Wissen im Sinne des Bildungswissens behaupteten auch die Staatsmänner und Redner Athens zu besitzen, obwohl dieses Wissen noch weit zurückstand hinter dem Wissen des Fachhandwerkers. Wir sprechen in unseren folgenden Darlegungen, wenn es um scharfe Formulierungen geht, von Epistéme — Oiesis — Doxa — Areté — Agathón (Begriff des Guten)

sein Lebensziel Rechenschaft abgebe, wie auch sein eigenes Leben eine ständige Prüfung ist. Die Jugend, die sich den Meister zum Vorbild nimmt, ahmt ihn nach und prüft selbst andere *(Apol. 33 A ff.)*, nicht immer vom wahren Eros getrieben. Es macht ihr Freude; das ist ein gefährliches Spiel. Sokrates hat nicht die Verantwortung eines Lehrers, er frägt in die Gefahr hinein. Gerade die Unterhaltungen über die Tugend und das Gute landen schließlich in der A p o r i e (Aporia = das in das Unwegsame führende „ich weiß nicht")[1]. Sokrates verteidigt sich selbst gegen die Vorwürfe in der *Apologie 33a.* Aber warum wird Sokrates von Platon hineingestellt in die Reihe der großen Vorbilder der Arete und Lehrer der Menschheit, Palamedes und Prometheus *(Apologie 41 a ff.)?* Das **Pragma** des Sokrates (Einheit von Lehre, Tun und Leben) ist seine Sendung für Athen; er soll den Geist der alten Gesetze erneuern. Sein Hauptziel ist nicht nur das Pragma, das Zusammenklingen von Taten und Leben, sondern er verlangt auch, daß jeder mit dem sittlichen und staatlichen Gesetz (Nomos) übereinstimmt; denn jedes ethische und politische Denken bildet in der eigentlichen hellenischen Zeit eine Einheit. Ohne ein Lehrgebäude aufzubauen, hat Sokrates doch grundsätzlich anerkannte und richtungweisende Lehrmethoden und Lehrthemen als großer Anreger der griechischen und modernen Philosophie geschaffen.

Das positive Ergebnis der ethischen Lehrtätigkeit des Sokrates ist klar: Im Kampf gegen den ethischen Relativismus der Sophisten ringt er in seinen „Gesprächen" immer wieder um eine **sichere ethische Plattform**. Er predigt eindringlich, daß das denkende Gewissen Maßstab aller Handlungen und die sichere Grundlage der Lebensharmonie und der Persönlichkeit werden muß. Vielleicht hinterließ er seinen Schülern nur den bekannten Satz als sicheres „Dogma": *Unrechttun ist schimpflich genau wie das Dagegen-Unrechttun in der Abwehr eines erlittenen Unrechtes.*

109. Der G r u n d s t o c k der sokratischen Ethik ist die Lehre von der I d e n t i t ä t v o n T u g e n d u n d W i s s e n der sittlichen Zweckbegriffe. Er ist überzeugt, daß der, welcher das Schöne und Gute erkennt, auch danach handelt, und der, welcher das Häßliche kennt, sich auch davor in acht nimmt, daß er durch das Wissen weise und besonnen ist *(Xenophon Mem. III 9, 4).* Also muß man die sittlichen Begriffe untersuchen und das wahre Wissen von diesen Begriffen den Menschen übermitteln.

Alte und volkstümliche Lebensregeln, meist auch zurückgeführt auf einen der sieben Weisen oder einen anerkannten Dichterphilosophen, genügen nicht mehr. In der Praxis erweist sich der Wissende als der Tüchtigere. Der Handwerksfachmann weiß genau, welchen Zweck er befriedigen soll und welche Methoden dazu führen. Vielleicht hat Sokrates gerade aus dem fachmännischen Wissen und dessen Auswirkung die Notwendigkeit gefolgert,

---

[1] Diese A p o r i e, mit der Sokrates seine Partner aufrüttelt und in Verwirrung bringt, ist in den Frühdialogen Platons als Ergebnis der Prüfung sehr häufig; so wirft *(im „Menon" 80 a)* Menon dem Sokrates vor, daß er bei seinen Gesprächen oft selbst „ratlos" sei und andere ratlos mache.

die Technik des sittlichen Wissens zu erlernen. So formuliert Sokrates sehr scharf: Die w a h r e T u g e n d besteht im W i s s e n = Episteme. Wer die wahre Episteme beherrscht – wie der Tischler den Begriff des Tisches kennen muß, um richtige Tische zu schaffen –, der wird von selbst zum sittlich-richtigen Handeln geführt. Daß der Wille andere Wege gehe als die von der Episteme erkannten, hat er oft in seinen Gesprächen bestritten (vgl. die Kritik des *Aristoteles § 184).* Wer das Wesen des Guten wirklich erkannt hat, kann gar nicht anders, als das Gute auch in der Praxis zu verwirklichen: n i e m a n d f e h l t f r e i w i l l i g. Damit war das Wissen vom Guten zum Wesen der Sittlichkeit, zum Lebensprinzip erhoben. Die Philosophie, wie sie Sokrates lehrte, war die Selbstbesinnung des vernünftigen Menschen auf das für alle gleichermaßen geltende Gesetz des Guten. Die Erkenntnis wurde ihm zu einem sittlichen Besitz und das gemeinsame Suchen danach zu einem ethischen Verhältnis gegenseitiger Ergänzung und Förderung, das er mit dem Namen **Eros** bezeichnete. Über diesen Begriff des Eros, dem Sokrates im Symposion Platons ein ewiges Denkmal setzt (vgl. Einleitung zu meiner Symposionübersetzung, Tempelverlag), haben neben Platon auch Xenophon und andere Sokratiker geschrieben. Platon läßt vor allem im *Protagoras* den Sokrates seinen Hauptgrundsatz, daß Tugend Wissen sei, verfechten. Es ist klar, daß diese Lehre, vielleicht die einzige wirkliche „L e h r e" des Sokrates, den tatsächlichen Verhältnissen unseres Seelenlebens und den Ergebnissen der Psychologie widerspricht. Aber die Tore zur wirklichen Psychologie waren damals noch nicht offen. Schon Aristoteles sagt in seiner *Nikomachischen Ethik 1145 b 22:* daß trotz des Besitzes richtiger Erkenntnis etwas anderes im Menschen die Herrschaft habe und solche Erkenntnis wie einen Sklaven hinter sich herschleppen könne, eine Ungeheuerlichkeit für einen Sokratiker (§ 184).

110. **Der sokratische Dialog.** Das ist die Kunst des philosophischen Sich-Unterhaltens, der wahren Dialektik: *Wenn man, ohne daß die Sinne mitwirken, allein durch die Kunst des Sichunterhaltens versucht, dem wahren Wesen eines jeden Dinges beizukommen und nicht eher ruht, bis man das Agathon seinem eigentlichen Wesen nach durch die bloße Vernunftserkenntnis (Noesis) erfaßt hat, so gelangt man damit an das eigentliche Ziel des Denkbaren (Staat 532 A, VII 12).* Das ist ein Geschenk der Götter, das wirkliche Feuer des Prometheus, wie es im *Philebos 16 C c. 6* heißt. Diese Kunst krönt wie ein Schlußstein den ganzen Bau des Wissens *(Staat 534 E c 14).* Sie ist zwar schon vor Sokrates geübt und gepflegt worden (vgl. § 86 ff), aber er hat sie zum Inbegriff des eigentlichen Philosophierens erhoben, zur W i s s e n s c h a f t d e s S u c h e n s n a c h d e n B e g r i f f e n. Durch sie werden die Definitionen herausgearbeitet, die Begriffe werden nach Gattung und Art gegliedert und voneinander abgegrenzt (vgl. § 193 ff). Diese Kunst ist es, welche die Gesetze vermitteln, die die Basis für die Richtigkeit der Beweisführung und des Denkens bilden. Wenn wir die m e n s c h l i c h - p s y c h o l o g i s c h e S e i t e des sokratischen Dialoges richtig deuten und erkennen wollen, folgen wir

am besten den Ausführungen eines souveränen Kenners der griechischen Dialektik und Philosophie, ich meine *E. Schwartz: Was will denn überhaupt dieses Fragen des Sokrates? Zunächst will es den Unterredungspartner zwingen, über das, was er als geglaubte Meinung vorträgt, nachzudenken, zu prüfen, ob da auch alles stimmt. Es kommt gar nicht darauf an, eine bestimmte Definition (z. B. von einem ethischen Begriff) zu geben. Man geht von einer gebotenen Definition aus, widerlegt sie, gewinnt aber nie eine neue dafür. Insofern erscheint sein Tun lediglich negativ und kritisch; in Wahrheit ist es das aber nicht. Die sokratische Art des Fragens ist etwas Grundanderes als die Eristik (vgl. § 135) des Protagoras. Sokrates will sich nicht in ein besonderes Licht stellen ... Die platonische Kunst offenbart eindeutig – und das ist sicher aus dem Leben genommen –, daß man in dem Augenblick, in dem Sokrates in die Unterhaltung eingreift, spürt, daß hier ein Mensch steht, der mit anderen Maßstäben gemessen werden muß. Da gibt es keine Unterhaltung mehr, die hin- und hergeht, in der dies und jenes geklärt wird, sondern hier geht es plötzlich auf Herz und Nieren, die Sache wird ernst, so ruhig und gesellschaftlich scherzhaft sich das oft geben mag. Was liegt dem nun eigentlich zugrunde? Man kann nur sagen, daß hier ein nicht abgeleitetes, sondern ursprünglich vorhandenes Bewußtsein von der Realität des Ethischen wirksam ist, ein Wissen davon, daß das dikaion (Gerechte) und das kalon (Schöne) von vornherein vorhanden sind ... Sokrates wollte aber nicht die Welt verbessern oder auch nur die Athener zu besseren Menschen machen. Er wollte nur gemeinsam mit ihnen finden, was im jeweils gegebenen Fall ethisch richtig sei. Er brachte sie dahin, daß sie über sich nachdachten, daß sie nicht einfach in den Tag hineinlebten, nicht alles für schlechtweg selbstverständlich hielten; sondern so, wie ein Zimmermann beim Hausbau und ein Steuermann beim Suchen der Fahrtroute weiß, daß alle Dinge ihre Schwierigkeiten haben, sollten sie begreifen, daß auch die ethischen Dinge ihre Schwierigkeiten haben. Das ging mit solcher Wucht vor sich, daß sich niemand in seiner Umgebung seinem Zauber entziehen konnte (Ethik 90).*

111. Gigon arbeitet für den sokratischen Dialog drei Komponenten heraus: Einmal ist für den szenischen Rahmen und dessen Dramatik grundlegend das Verhältnis des Sokrates zu Alkibiades (der kleinbürgerliche Philosoph zeigte dem stolzen, extravaganten Adeligen den Meister), dann das Verhältnis des Sokrates zu den Sophisten (dem Biedermann, der behauptet nichts zu wissen, unterliegen die Alleswisser) und zu der Jugend. Für das Sachliche und die Technik des Dialoges waren in den Lehrschriften der Eleaten und Sophisten schon Vorbilder vorhanden; auch die Formulierungsart von These und Antithese, von Frage und Antwort hatte schon eine bestimmte Gestalt. Wichtig ist auch die Komponente: Sokrates und Athen. Die dramatisch-dialogischen Szenen sind nur auf dem Hintergrund der athenischen Gesellschaft des 5. Jahrhunderts zu verstehen *(Gigon*

182–186). Was Sokrates von seiner persönlichen Eigenart in diesen Komplex hineingetragen hat, können wir nur vermuten.

112. Sobald Sokrates auf den Dünkel der Scheinphilosophen stößt, vor allem auf den eitlen und unsachlichen, nur auf den äußeren Effekt eingestellten Sophisten *(Apologie 38 A, Gorgias 525 A, Phaidon 92 D),* wendet er die von seinen Gegnern gefürchtete **Ironie** (Eironeia, Anschein von Unwissenheit) an; im *Staat (337 A)* ruft Thrasymachos aus: *Beim Herakles, da ist sie wieder, die gewohnte Verstellung des Sokrates; ich wußte ja und sagte es den Anwesenden voraus, daß du wieder den Unwissenden spielen und alles andere eher tun als beantworten würdest, was wir dich fragen.* Und Cicero sagt im *Brutus (292): Ich halte jene Ironie, welche Sokrates, wie man sagt, anwandte, für geistreich und elegant; es verrät nämlich ein reichliches Maß von feinem Takt und Witz, sich unwissend zu stellen, wenn man über die Weisheit disputiert, und sie denen zuzuschieben, die sie sich arrogant anmaßen.* Einmal ist diese Ironie eine Maske: Sokrates, der halb scherzend, halb im Ernst von seiner Unwissenheit und Nichtigkeit überzeugt ist *(Gigon II 59),* ist der wirklich Wissende, indem er schon im Stellen der Frage überlegen ist; sie ist aber auch ein pädagogisches Mittel seiner heuristischen Methode, der geistigen Hebammenkunst der M a i e u t i k.

113. Sokrates legt den Sinn und Zweck dieser Methode im *Theaetet* genau dar *(148 E ff., vgl. D ff., 184 A ff., 210 C ff.):* Jeder menschlichen Vernunft wohnen die allgemeinen Wahrheiten und Begriffe a priori inne: Die Begriffe von Gut und Gerecht z. B. besitzt unsere Seele schon von vornherein aus der Zeit, da sie noch für sich allein existierte und des wahren Wissens von den Begriffen teilhaftig wurde. Diese allgemeinen Wahrheiten und Begriffe a priori liegen verborgen wie ein wertvoller Schatz; diesen Schatz muß der Besitzer aber erst heben. Den Weg, auf dem man in den wirklichen Besitz dieses Schatzes gelangt, weist der Lehrer durch die Dialektik, indem er den Blick des Schülers in das eigene Innere lenkt, damit er sich nach und nach zurechtfindet. Sokrates erreicht dieses Ziel durch die f r a g e n d e u n d p r ü f e n d e L e i t u n g d e r G e d a n k e n, vor allem bei der Diskussion über einfache Wahrheiten; das ist die k a t e c h e t i s c h e n e u e M e t h o d e, die ihren wahren Zweck besonders im Rahmen des eben betonten kleinen Bereiches erfüllt. Handelt es sich um größere und schwierigere Zusammenhänge, werden an den Gesprächspartner größere Anforderungen in bezug auf Übersicht und Schlußvermögen gestellt, dann muß sie versagen. Wie der überlegene Partner durch das Erwecken und Mobilisieren der W i e d e r e r i n n e r u n g den durch die Körperpartnerschaft verdunkelten Besitz der Seele an Grundwahrheiten und Begriffen erneut aktiviert, wird im Menon an einem geometrischen Beispiel erläutert (vgl. § 114), indem Sokrates einen Sklaven, der noch nie etwas von Mathematik hat läuten hören, Schritt für Schritt eine geometrische Aufgabe lösen läßt *(vgl. Apelt, Theaetetübersetzung 155).*

114. Dies Meisterstück der h e u r i s t i s c h e n oder e r o t e m a t i s c h e n (durch Fragen die gewünschte Antwort erzwingenden) oder ein-

fach der sokratischen Methode in Form der sokratischen **Maieutik** (maieutikḗ téchnē = Hebammenkunst) hat z. B. folgenden Gang: Menon und Sokrates unterhalten sich über das Wesen der Tugend. Da Menon zunächst ratlos ist, fordert Sokrates seinen Partner auf, durch gemeinsames Suchen das Wissen von der Tugend zu finden. Aber Menon entgegnet: Man könne das, was man nicht kenne, nicht suchen. Da weist ihn der Meister auf die Lehre von der Anamnesis (der Wiedererinnerung): Die Seele wurde in ihrer Präexistenz mit allem Wissen von dem Wesen der Tugend und anderer Begriffe vertraut; aber durch die leibliche Geburt ging dieses Wissen verloren; man könne es aber durch eine richtige Art des Fragens im Rahmen des Dialoges wieder aufspüren. So holt Sokrates z. B. auch aus einem ungebildeten Sklaven die richtige Lösung eines mathematischen Problemes heraus. Die Aufgabe lautet: Es ist ein Viereck zu konstruieren, in diesem Falle ein Quadrat, das doppelt so groß ist wie das Quadrat (A B C D) von 4 Fuß Inhalt; jede Seite beträgt also 2 Fuß. Das gesuchte Quadrat muß also einen Inhalt von 8 Quadratfuß haben. Wie groß ist die Seite des gesuchten Quadrates? Antwort: 4 Fuß. An Hand der Zeichnung wird aber klar gemacht, daß man so das Vierfache des gegebenen Vierecks erhält, ein Quadrat von 16 Quadratfuß ($A\ B_1\ C_1\ D_1$). Der Sklave rät nun auf 3 Fuß für die Seite, da die neue Seite größer als 2, aber kleiner als 4 sein muß; aber so bekommt man einen Inhalt von 9 Quadratfuß.

115. Nun sagt der Sklave, er wisse die Lösung nicht. Das ist für Sokrates, wie er gegenüber Menon betont, der Anfang zum rechten Weg; denn Nichtwissen ist besser als Falschwissen. Mit dem Nichtwissen (Aporia) ist zugleich das Verlangen nach dem wahren Wissen geweckt. Der Grund des Irrtumes muß erkannt werden; dann kommt man auf das Richtige. Es soll ja die Fläche des Quadrates verdoppelt werden, nicht die Seite. Der Sklave bekam den vierfachen Inhalt heraus, gesucht ist aber der doppelte. Also muß man das Vierfache halbieren; man braucht also nur jedes einzelne der 4 Quadrate zu halbieren; dann bekommt man die Hälfte des Ganzen. Man kann aber jedes der 4 Quadrate halbieren, indem man die Diagonalen (BD, DE, EF, FB) zieht. Diese bilden wieder ein Quadrat; das ist die Hälfte des vierfachen, also das gesuchte doppelte; also ist die Diagonale des gegebenen Quadrates die gesuchte Seite des doppelten Viereckes. Sokrates hat, wie er zu Menon sagt, nur die Wiedererinnerung an das geweckt, was als Wissen in der Seele des Sklaven bereit lag; so kam der Sklave von selbst durch geschickte Fragen auf die Lösung. Das Suchen und Lernen war eine Wiedererweckung des Wissens, das in der Seele des Gefragten latent vorhanden war und nur darauf wartete, durch die Hebammenkunst des Sokrates wieder zum Bewußtsein zu kommen.

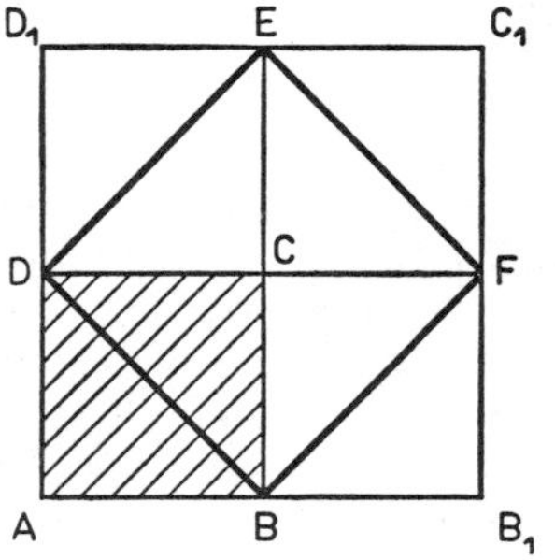

Gegeben: $ABCD = 4$ Quadratfuß Inhalt
$AB = 2$ Fuß.

Gesucht: das Rechteck (Quadrat), das den doppelten Inhalt hat.

$BD^2 = 2\,BC^2 = 2\,AB^2$

$BD = AB \times \sqrt{2}$.

Die Diagonale BD des gegebenen Quadrates ABCD ist die Seite des gesuchten Quadrates $BFED = AB \times \sqrt{2}$.

Inhalt $BFED = (AB \times \sqrt{2})^2 = 2\,AB^2$

116. Sokrates hat also, wie er betont, nichts gelehrt, sondern nur richtig gefragt *(85 D)*. Damit nun die wiedergeweckte Erkenntnis geistiger Besitz werde, muß man das Problem ständig wiederholen und mit andern verknüpfen. Daß wir hier den ersten Versuch der arbeitsunterrichtlichen Methode haben, sei nur nebenbei erwähnt. So, meint Sokrates, ist es auch bei der Auffindung philosophischer Wahrheiten mit Hilfe der heuristischen Methode des Lehrers. Aber er erwähnt nicht, daß in diesem Fall die Illustration durch Zeichnungen wegfällt. Philosophische Wahrheiten muß man ohne Vordemonstrierung durch Zeichnungen finden!

Sokrates betont an der Theaetetstelle und auch sonst, daß er selbst kein Wissen habe, daß er nur die andern von dem Wissen, mit dem sie schwanger gehen, entbinde. Es ist nicht möglich, das Wissen und die Erkenntnis einzupflanzen; denn in Wahrheit ist das Wissen (Epistéme) schon a priori in der Seele. Viele verstanden ihn nicht und verließen ihn; wenn dann aber manche wieder reuevoll zurückkehren wollten, riet das Daimonion davon ab, den Verkehr wieder aufzunehmen *(Theaetet 151 A)*. Dieses indirekte Wirken des Sokrates wird von allen seinen Schülern als ein Hauptwesenszug herausgestellt. Er wird dadurch zum Vermittler positiver Erkenntnisse *(Gigon II 170)*.

117. Das Ziel der Prüfung und des Aufspürens (Elenxis) der Widersprüche im Leben und in den Meinungen der Menschen ist das Wissen des Nichtwissens. Obwohl das Orakel den Sokrates als den Weisesten bezeichnet hat, ist er nur darin weise, zu wissen, daß er ein Nichtwissender ist. Darin liegt seine Überlegenheit über alle Zeitgenossen. Er mißt sein Wissen nur an den Bürgern, Handwerkern und Politikern. Um das Wissen von Himmel und Erde kümmert er sich nicht (vgl. § 104). Das technische Wissen kann man lehren und anerziehen *(Gorgias 501 A)*, das Denken (Phroneín) kann man nicht anerziehen. Sein Grundsatz ist, die Menschen zu belehren, daß der Mensch nur das weiß, wovon er Rechenschaft ablegen kann. Das gilt in erhöhtem Maße für die sublimsten Fragen der Ethik, für alles, was die Seele und das Agathon betrifft. Die Frage lautet: Wie erzieht man die Seele analog der Erziehung des

Menschen, damit sie möglichst gut ist und die Tugenden (Sophrosyne, Gerechtigkeit, Tapferkeit, innere Freiheit und Wahrheit) besitzt *(Phaidon c. 63)?* Wie jede Kunst (Téchne) ihren Gegenstand hat, so auch die der Menschenerziehung und der Seelenführung; denn hier ist die Seele der Gegenstand, das kostbarste Gut des Menschen. Alle Dinge haben ihr Ziel. Für die Seele und für die Seelenfürsorge ist das Ziel das absolute Agathon *(Apologie 30 B ff. und 36 C).* Die Fürsorge für die Seele hat den Sokrates zu einem neuen Seelenbegriff geführt; das ist sein ureigenstes und wahres Verdienst, und das war damals etwas ganz Neues (vgl. § 120). Ist nun das wahre Agathon wißbar und kann man darüber etwas Bestimmtes aussagen? So, wie man über das Agathon der Künste etwas sagen kann? Hier kommt auch Sokrates über das „so scheint es mir" nicht hinaus. Das absolute Agathon (der Wert schlechthin) als Ziel der Seelenerziehung ist für den menschlichen Verstand nicht erreichbar. Über diese Idee des Guten weiß Sokrates kein erfolgreiches Lehrgespräch zu führen. Auch Platon stößt zu dieser Höhe nicht durch; alle Dialoge über dieses Thema enden in dem Nichtwissen (Aporia). Ebenso steht es mit dem Gespräch des Sokrates und Thrasymachos im *Staat (337 ff.)* über das absolut Gerechte. Erst wenn man weiß, was das Wesen des Gerechten ist, kann man wissen, ob der Gerechte glücklich ist. Aber auch hier stoßen wir auf die Aporie! Im Rahmen der göttlichen Sendung *(Apol. 31 A u. B.)* erfüllt Sokrates die schwierige Aufgabe, die durch den alten Weis-*heitsmythos* des *Erkenne dich selbst* (gnothi seautón) gestellt ist; er forscht nach dem Höchsten; das ist das Göttliche selbst. Aber hier stößt er erst recht an die Grenzen alles Wißbaren, die noch weit über den Höhen der Begriffe des Agathon und des Gerechten thronen!

118. Die exzentrische, schrullige Eigenart (Atopia) des Sokrates: Wie konnte ein Mann, von dem gerühmt wird, daß er als Fachmann in Diätfragen und als Vertreter eines vernünftigen, körperstählenden Sportes einen Namen hatte, der mit seinem durch Sport und einfaches Leben abgehärteten Körper die Strapazen der Belagerung und die Gefahren der Pestseuche gelassen und unbeeindruckt überstanden hatte, so daß man ihm sogar daraus einen Vorwurf machte, wie konnte dieser Mann seinen Kriegskameraden und den Bürgern Athens wie ein sturer, blutleerer Grübler erscheinen?

Im Feldlager *(Symposion 220 C ff.)* stiert er vom Morgen bis zum Morgen des andern Tages auf demselben Platze ein Loch in die Luft, um einem Gedanken nachzugrübeln; ähnlich auf dem Weg zum Gastmahl *(Symposion 175).* Diese Seltsamkeit zusammen mit dem abgeschabten Tribon gehört nun mal zur äußeren Sonderlichkeit des Sokrates. Das Starren auf einen Punkt soll die Sturheit bei der Gedankenjagd illustrieren; diese äußere Seltsamkeit ist nur ein Zug seines originellen Wesens: Dazu gehört die geistig-seelische Einmaligkeit dieses für die Athener rätselhaften Mannes. Zur Atopia gehört vor allem auch das Daimonion; daß er einer inneren Stimme folgt, ist ebenso erstaunlich wie die Absonderlichkeit, daß ausgerechnet er, den das Delphische Orakel als den Weisesten bezeichnete, nichts weiß und doch seiner Sache sicher ist. Das Mißverständnis, daß er neue Götter einführe, hat er selbst heraufbeschworen. So wie Sokrates vor den Athenern stand, war er rätselhaft; er erfüllt s e i n e Aufgabe in der Polis, und doch ist all' sein Tun und Lehren für die Athener fragwürdig. Er scheint ein Vorbild zu sein, ist aber doch keines; kein Mensch kann seine Methode übernehmen.

119. **Sokrates und die Sophisten.** Es gibt keinen größeren Gegensatz als den zwischen Sokrates und den Sophisten; sie sind, auch bei Platon, die P s e u d o p h i l o s o p h e n. Die Sophisten denken in ihrer Eitelkeit und in der Sorge, im Redewettkampf glänzend zu bestehen, nur an sich; Sokrates vergißt sich ganz in der selbstlosen Hingabe an die Sache. Das eitle und unsachliche Getue ist der Grundton im Sophistenporträt Platons, wobei es immerhin auffällt, wie uniform die Sophisten bei ihm erscheinen. Die S a c h e ist dem Sophisten gleichgültig; er will nur mit seiner Kunst, ü b e r a l l e s s p r e c h e n z u k ö n n e n, prunken. Die P r a h l e r e i (Alazoneía) der Sophisten wird überall angeprangert gegenüber der Bescheidenheit und Selbstironie des Sokrates, der immer sachlich ist, immer nur in E h r f u r c h t d e m L o g o s dient, immer betont, daß er nicht Lehrer sei, sondern ein in der Frage stehender S u c h e r u n d A u f - w ü h l e r. Die Sophisten aber rühmen sich, nicht nur die einzelnen Künste zu lehren, sondern auch den universell gebildeten Menschen zu formen *(nicht zum Zweck kunstmäßiger Ausbildung, sondern der höheren Bildung = Paideia, vgl. Protagoras 312 B).* Dieses Wissen lehren sie im Gegensatz zu Sokrates wie eine Ware, die man möglichst teuer verkauft. Sie rühmen sich, sie könnten die Areté und das Agathón (Gute) lehren, während Sokrates hier der Prüfer und Frager bleibt und die Gespräche über diese höchsten Güter in die Aporie einmünden läßt. Die Sophisten sind nicht die Vollstrecker der heimatlichen Gesetze wie Sokrates, sie kommen überall her und finden leicht Eingang in die sittlich und religiös unterhöhlte attische Gesellschaft. Willig und vertrauensselig übergibt der attische Reeder und Großkaufmann diesen Weisheitslehrern seine Söhne zur Erziehung und Spezialausbildung als angehende Politiker. Die Sophisten sind nicht, wie Platon einmal im *Staat 492 A/B* betont, d i e U r s a c h e d e s Ü b e l s, s o n d e r n e i n e s d e r S y m p t o m e d e r K r a n k h e i t. Sie können so viel Unheil anrichten, weil das moralische Gefüge der attischen Gesellschaft gelockert und morsch ist. Sokrates demaskiert die Sophisten unerbittlich. Hier die Lehre von der Einheit von Wissen, Wollen und Handeln, dort u t i l i t a r i s t i s c h e r I n d i v i d u a l i s m u s; hier straffer Gedankenaufbau, dort Spiegelfechterei und lockeres Gedankenspiel; hier die Sorge um die Seele, dort eine auf Rhetorenkünsten aufgebaute Gesellschaftsmoral, die nur den Schein und die Nützlichkeit kennt.

120. D i e S o r g e u m d i e S e e l e: Mag der Gesprächspartner versuchen, sich dem unangenehmen Prüfen und Forschen des Sokrates zu entziehen oder mag er sich ihm willig und hüllenlos öffnen, immer wird er

zur Mahnung geführt: Du mußt dein Leben ändern! Nikias sagt im *Laches (187 E/188 A)* zu Lysimachos: *Du scheinst nicht zu wissen, daß, wer mit Sokrates in Berührung kommt und sich in ein Gespräch einläßt, ... solange herumgeführt wird, bis er gezwungen ist, Rechenschaft über sich abzugeben, wie er jetzt lebt und wie er das verflossene Leben zugebracht hat.* Und Alkibiades sagt: er habe oft den Wunsch, Sokrates existiere nicht, weil ihm nach der Prüfung durch Sokrates das Leben so, wie es ist, nicht mehr lebenswert erscheint *(Symposion 215/16).* Einer der unschätzbaren Vorteile dieser Prüfung besteht darin, daß man in Zukunft vorsichtig ist, daß man an alles mit reiflicher Überlegung herangeht, wie wieder Nikias betont *(Laches 188 B),* weil man weiß, wie schwer es ist, das Rechte zu treffen, und wie leicht man die Schuld am Mangelhaften in der Welt den Dingen oder dem Nebenmenschen zuschiebt *(Kuhn 87 ff.).* Die Frucht dieser Prüfung ist eine Hinlenkung zur Innerlichkeit des durch sein Nichtwissen und seine bisherige Ahnungslosigkeit Beschämten. So bekommt das Wort Seele (psyché) einen neuen Klang und Inhalt gegenüber dem Seelenschatten der homerischen Vorstellungswelt und dem kosmologischen Lebensprinzip Platons *(Kuhn 89).* Was bedeutet „Seele" in den sokratischen Dialogen? Im *Alkibiades* werden Mensch und Seele gleichgesetzt *(130 C vgl. Kuhn 89 ff.).* Wie das Agathon das Ziel in allem menschlichen Leben ist, so ist die Seele „das menschlicherweise Lebende dieses Lebens", das in allen menschlichen Tätigkeitsformen Tätige, also, modern gesprochen, das „Ich". Weiterhin ist die Seele das über den Körper Herrschende; die Sorge darum, daß die Seele als herrschende gut ist, wird im *Alkibiades* zur betonten Sorge um uns selbst *(129 A).* Seele ist das, was im Tun des Guten gut, im Tun des Schlechten schlecht wird *(Kuhn 91).* Der unendliche Wert der Seele wird besonders in der Antithese zum Körper klar. Im *Protagoras* wird der junge Hippokrates sich voll Schamröte bewußt, daß er im Begriffe steht, sich dem Lehrversprechen des Sophisten anzuvertrauen, den er nicht einmal kennt. Zu ihm sagt Sokrates *(313 A ff.): Weißt du auch, welcher Gefahr du deine Seele hinzugeben im Begriffe bist? Für die Ausbildung des Körpers triffst du erst deine Entscheidung nach großen Beratungen ... Und hier, wo es sich um ein Gut handelt, das in deiner Schätzung weit höher steht als der Körper, und von dessen gelungener oder verfehlter Ausbildung dein ganzes Glück und Leid abhängt ... hier ... vertraust du dich dem eben angekommenen Fremdling an.* Überall klingt die Sorge um die Seele durch; sie ist das Liebste *(Gorgias 513 A)* und das Größte *(Laches 187 C).* Ihr Verderb ist für den Tapferen die einzig wahre Gefahr, nicht der Verlust des Lebens; ihre Güte der einzig wahre Gewinn *(Kuhn 95).* Alles in allem geht die Mission des Sokrates in der Frage nach dem Guten auf, um kraft des Wissens um das Gute ein lebenswertes Leben zu gestalten, indem die wohlgeordnete Seele die Herrschaft hat, die Seele als das bei jeder Wahl Wählende, als das bei jeder Handlung Handelnde, als das im Menschen, was sich um sich selbst, sein eigenes Heil sorgt und aus dieser Sorge nach dem Guten fragt *(Kuhn 144 ff.)*.

121. **Das Ende des Sokrates.** Ein solch eigenwilliges Original wie es Sokrates offenbar darstellte, der die Menschen zwang, sich bis zu den innersten Seelenregungen zu entblößen und den Unwert ihrer bisherigen Lebensführung zuzugestehen, m u ß t e s i c h v i e l e F e i n d e m a c h e n. Seine Kritik machte auch vor den staatlichen Einrichtungen nicht halt, auf die der Athener doch stolz war. Leicht kamen der Verdacht und der Vorwurf auf, er untergrabe die freiheitlichen Grundgesetze des Staates. Und dann das D a i m o n i o n ! Das konnte als v e r b o t e n e r K u l t gedeutet werden. Daß Sokrates die Religion untergrabe, konnte mit der religiösen Einstellung seiner berühmtesten Schüler begründet werden: Alkibiades hatte die eleusinischen Mysterien verspottet und Kritias die Götter als eine schlaue Erfindung der Priester bezeichnet. Man suchte auch nach einem Sündenbock für den neuen Geist der Aufklärung und des Individualismus, der Gesetze und Brauch untergrub und der von den neuen aus dem Ausland zuströmenden Weisheitslehrern gepredigt wurde. Die Motive der beiden großen Prozesse wegen Asebie im letzten Drittel des fünften Jahrhunderts waren m e h r p o l i t i s c h a l s r e l i g i ö s. Der Prozeß gegen Anaxagoras, auf dessen auffallende Ähnlichkeit mit dem Sokratesprozeß oben hingewiesen wurde (vgl. § 89), zielte auf Perikles. Beide Philosophen wurden nicht angeklagt, weil sie ein Dogma verletzten (Dogmen in unserem Sinne kannte die griechische Religion dieser Zeit nicht), sondern wegen Frevels gegen die Götter (Asébeia). Ein solcher Frevler ist der, der Mysteriengeheimnisse verrät oder verspottet (Alkibiades), der Götterstatuen beschädigt, Weihegeschenke entwendet, Tempel verunreinigt. Bei Sokrates kann außerdem politisch seine Beziehung zu ausländischen Fürsten ausgeschlachtet worden sein (zu Archelaos von Makedonien, zu thessalischen Fürsten usw.), besonders als man ihn aus Mißtrauen gegen versteckte Feinde der Republik solcher Verbindungen verdächtigte.

122. W e l c h e s s i n d d i e T a t s a c h e n d e s P r o z e s s e s g e g e n S o k r a t e s ? Wir haben verschiedene Arten der Zeugnisse. Für den ganzen Hintergrund stehen uns die W o l k e n des Aristophanes zur Verfügung, die Platon in der A p o l o g i e letzten Endes für den tragischen Ausgang des Prozesses verantwortlich macht. Aristophanes hat mit der unbegrenzten Freiheit des attischen Komödiendichters alles, was man in den Kreisen der Handwerker und einfachen Bürger gegen die Naturphilosophen und Sophisten an Vorwürfen bereit hatte *(vgl. Kommentar zur Apologie c. 13–15)*, auf Sokrates abgeladen, der also 423 eine stadtbekannte Persönlichkeit gewesen sein muß. Derselbe Aristophanes kommt im Symposion dem Sokrates mit Achtung und Verehrung entgegen. Die mit dem Prozeß unmittelbar zusammenhängenden Texte sind neben den Werken Platons und Xenophons die sechs Jahre nach der Hinrichtung geschriebene Anklageschrift des Literaten P o l y k r a t e s , die sich aber nicht gegen Sokrates, sondern gegen die Sokratiker richtet. Ferner die Verteidigungs-

schrift des Lysias. Die Anklageschrift haben wir nicht im Wortlaut, aber wir können sie aus dem Überlieferten wiederherstellen: *Sokrates ist ein Verbrecher, da er nicht an die Götter glaubt, die die Stadt verehrt, sondern andere und neue Dämonen einführt und dieses die Jugend lehrt; ferner verführt er die Jugend*[1]. Den ersten Anklagepunkt bezieht Platon auf die angeblich von Sokrates als Naturphilosophen verbreiteten atheistischen Lehren. Xenophon bezieht ihn auf das Daimonion. Den zweiten Punkt erklärt Platon so, daß Sokrates durch solche Lehren die Jugend geistig verführe. Xenophon denkt beim zweiten Punkt an die Verführung zu Ausschweifungen, Weichlichkeit und Geldgier *(Gigon II 24 ff.)*. Offenbar geht der Ankläger auf zwei Gesetze zurück, von denen das erste wohl hieß:

Wer nicht an die Götter glaubt (nomízei zu nomos = Brauch, Gesetz), *soll zum Tode verurteilt werden.*

Was heißt: „an die Götter glauben" (nomizein)? Im alten Gesetz heißt es „die Götter achten", also an den Kulten teilnehmen und keine Religionsfrevel begehen. Die Freunde des Sokrates bezeugten zwar, daß er die Kultvorschriften achte und die nötigen Opfer darbringe. Die Gegner konnten aber das Gesetz auch ausdeuten: Wer nicht an die Götter der Stadt glaubt, um Sokrates als einen Atheisten wie Protagoras zu brandmarken. Was heißt ferner: führt neue Dämonen ein? Doch wohl nur: Er führt neue Privatkulte ein auf Kosten des Staatskultes der Polisgötter. Das geht auf das den Athenern unverständliche Daimonion. Eine späte Version sagt, er sei bezichtigt worden, daß er behaupte, man müsse Vögel und Hunde anbeten; das geht offenbar auf seinen Schwur „beim Hunde" *(Xenophon Apologie 24; vgl. Gigon II 26)* zurück.

123. Wer waren die Ankläger und welches waren ihre Motive? Aus Xenophon und dem Schluß des Platonischen *Menon*, wo Anytos als Gesprächspartner grollend und unter Drohungen aus dem Gespräche scheidet, erfahren wir, daß Anytos sich aus Rachsucht an der Anklage beteiligt hat: Der reiche Gerbereibesitzer und Politiker hatte den Sokrates gefragt, was er ihm hinsichtlich der Erziehung seines vielbegabten Sohnes rate. Sokrates riet, diesen einem Fachlehrer für Politik anzuvertrauen. Anytos, der Todfeind der Sophisten, ließ ihn aber lieber in der Gerberei ausbilden, als daß er ihn einem Sophisten anvertraute. Die Folge war, daß der Sohn mißriet und sich dem Trunke ergab. Aus Rache will nun Anytos Sokrates vernichten. Die andere durch verschiedene Anekdoten illustrierte Version macht den Aristophanes zum eigentlichen Feind des Sokrates, dessen Anklagen Anytos und Meletos nur übernehmen. Von der letzten Version geht auch Platon in der Apologie aus; aber er verankert die Tragödie tiefer; der Todfeind des Sokrates ist das

---

[1] 'Αδικεῖ Σ. οὓς μὲν ἡ πόλις νομίζει θεοὺς οὐ νομίζων, ἕτερα δὲ καινὰ δαιμόνια εἰσφέρων καὶ ταὐτὰ ταῦτα τοὺς νέους διδάσκων, πρὸς δὲ τοὺς νεανίας διαφθείρων· τίμησις· θάνατος *(Antrag auf Todesstrafe).*

allgemein verbreitete, gehässige, unfaßbare Gerede, dem Aristophanes nur einmal Gestalt verleiht. Als einzelner geht Sokrates im Kampfe gegen die unfaßbare Macht der anonymen Verleumdungen zugrunde *(Gigon II 73–79)*. In der *Apologie* ist es nicht Anytos, über den Sokrates die Lauge seiner Ironie ausgießt, sondern Meletos. Von dem dritten Ankläger Lykon wissen wir nichts, als daß er ein armer, verweichlichter Literat war. Anytos war Politiker und Vertreter der Handwerker. Meletos Dichter. Jeder der drei markanten Stände war also vertreten, die Sokrates als Objekt seiner Wissenprüfung auswählte. Vielleicht wollte man ursprünglich nicht die völlige Vernichtung des Sokrates; vielleicht wollte man ihn nur aus dem „veilchenumkränzten Athen" entfernen, wie einst Anaxagoras und Protagoras unter massivem Druck den athenischen Staub von ihren Schuhen geschüttelt hatten und ins Ausland gegangen waren.

124. Der Prozeß: Die Klageformel wurde schriftlich eingereicht, der Angeklagte gab seine beschworene Gegenerklärung ab. Der Prozeß fiel in das Ressort des Archon Basileus, der seit alter Zeit Verfehlungen gegen Religion zur Verhandlung brachte. Für die Anklage wegen Gottlosigkeit waren entsprechend der Wichtigkeit des Falles 501 Geschworene vorgesehen; diese sprachen das „schuldig" oder „nichtschuldig" aus und bestimmten die Strafe nach Antrag des Klägers oder Gegenantrag des Beklagten, falls nicht schon durch das Gesetz eine bestimmte Strafe vorgeschrieben war. Die Richter stimmten geheim durch Stimmsteine ab; die Verhandlung war öffentlich.

125. Sokrates scheint sich mit seiner Verteidigung nicht sehr abgeplagt zu haben. Hermogenes, einer seiner Freunde, sagte einmal zu ihm, er rede über alles andere, nur nicht über den bevorstehenden Prozeß, und man müsse sich doch genau überlegen, was man vor Gericht vorbringe. Da antwortet Sokrates: sein ganzes Leben sei doch die beste Verteidigung *(Xenophon Mem. IV 8,4)*. Noch am Morgen des Gerichtstages diskutierte er über philosophische Fragen, die ihn gerade stark beschäftigten. Der Gang vor die Richter erschien ihm wie eine nebensächliche Episode. Eine Stelle im *Gorgias,* an der ganz klar auf den Prozeß des Sokrates hingewiesen wird, *(486 AB)* und eine im *Theaetet (172 CD)* scheinen anzudeuten, daß sich der historische Sokrates nur mit wenigen Sätzen ungeschickt verteidigt hat. Diese Sätze legte man ihm als Großsprecherei aus. Xenophon verteidigt den Sokrates in seinen *Memorabilien* gegen den Vorwurf, daß sein stolzer Ton sinnlos gewesen sei. Der nackte Verlauf des Prozesses war dann so: 281 Geschworene gegen 220 stimmten für schuldig und 300 gegen 201 für das Todesurteil. Nach dem Herkommen pflegte die Vollziehung der Todesstrafe dem Todesurteil rasch zu folgen. Aber durch eine besondere Fügung hatte Sokrates noch eine Frist von 30 Tagen: Es mußte erst die Rückkehr des Staatsschiffes abgewartet werden, das zur Apollofeier in Delos abgesandt war (in der Zwischenzeit

durfte niemand hingerichtet werden). Die Hinrichtung wurde durch den Schierlingsbecher vollzogen.

126. In der Zwischenzeit wurde von seiten der Freunde eine wohlvorbereitete Aktion eingeleitet: Sokrates sollte veranlaßt werden, zu fliehen und in die Selbstverbannung zu gehen. Es sind Andeutungen dafür da, daß die führenden Politiker und andere maßgebende Persönlichkeiten es sogar selbst gern gesehen hätten, wenn Sokrates diesen Weg gewählt hätte; denn es bedeutete immerhin ein großes Maß von Verantwortung, daß Athen, das schon manchen verdienten Mann undankbar hinausgestoßen hatte, diesen berühmten und lauteren, allerdings reichlich unbequemen Mahner vernichtete, zumal er schon das natürliche Ziel des Lebens erreicht hatte und, auch im Sinne der Athener, keinen großen Schaden mehr anrichten konnte. Alles war in die Wege geleitet: Die Gefängniswärter zu bestechen, war leicht; Freunde im Ausland, sogar mächtige Fürsten, gab es viele, die dem Sokrates gern ein angenehmes Asyl gewährten; sogar an Einzelheiten und Kleinigkeiten wie Vermummung war gedacht. Der treu ergebene und reiche Kriton drang bis zum letzten Augenblick in seinen geliebten Lehrer und Freund, er möge sich den Freunden und der Familie erhalten. Im *Kriton* hat Platon diesen Versuch klassisch dargestellt und die Szenerie uns vor Augen geführt, wenn auch der Sokrates dieses Dialoges nicht der historische Sokrates ist, sondern vom platonischen Aspekt aus betrachtet werden muß. Sokrates wies jeden Gedanken an eine Flucht ab. Wie er die Majestät einer großen Menschenseele gegenüber der würgenden Macht des nahenden Gewalttodes offenbarte, hat wieder Platon im Rahmenteil des *Phaedon* für alle Zeiten erschütternd dargestellt.

127. Warum mußte Sokrates untergehen? Die Anklage allein, ihre Wucht, die geschickt vorgebrachten Argumente können nicht an der Verurteilung schuld gewesen sein. Es gibt in der antiken Sokratesliteratur zwei Erklärungen.

a) Sokrates wollte sich gar nicht wirkungsvoll verteidigen, weil er an der Fortführung seines Lebens kein Interesse hatte. So etwa argumentiert Xenophon: Sokrates hat durch sein philosophisches Pragma (Harmonie von Berufung und Wirken) die höchste menschliche Glückseligkeit erreicht; vor ihm liegt nur noch das jäh absinkende Greisenalter; da birgt der Tod keinen Schrecken in sich. Auch die berühmtesten der sieben Weisen durften auf dem Höhepunkt der Vollendung sterben. Im *Phaidon* und im *Kriton* wünscht Sokrates den Tod, weil er dadurch in die wahre Heimat, die Heimat der Seele, eingehen kann. Im *Kriton (44 A–B)* erscheint dem Sokrates eine Frau im Traume und sagt ihm mit den Worten des Achill, der den Griechen droht, er werde nach Hause fahren *(Ilias 9, 363): O Sokrates, am dritten Tage magst du wohl heimkehren in das breitschollige Phthia.* Cicero *(de divinatione I 52)* bringt diesen Traum in Zusammenhang mit dem Traum des Eudemos im Dialog *Eudemos* des Aristoteles: Hier verkündet ein Traum dem Jüngling, der den Schlachtentod erleidet, die wahre Heimkehr, die Befreiung der Seele aus dem Kerker des Leibes. So soll sich auch Sokrates auf Grund des Traumes freuen, daß seine Seele in ihre himmlische Heimat zurückkehren darf *(Gigon II 83 ff).* Eine ganz andere Haltung zeigt der Sokrates, der in der Apologie vor der tragischen Entscheidung steht; erst nachdem er sich durchgerungen und entschieden hat, bietet sich ihm der freie Blick in ein ruhiges, besseres Jenseits. Im *Phaidon,* wo der Philosoph leidenschaftlich das wahre Leben nach dem leiblichen Tod ersehnt, sind zwei Motive verbunden: Einmal der religiöse Gedanke, daß die ihrer Natur nach göttliche Seele erst nach der Lösung vom Körpergefängnis in ihre göttliche Heimat kommen kann; und dann die philosophische Lehre, daß der Geist erst dann das Sein erkennen kann, wenn er unbehindert durch die Sinneswahrnehmungen ganz für sich existiert. Ein Sokrates mit dieser Einstellung durfte eigentlich sich gar nicht verteidigen.

128. b) Sokrates kann gar nicht anders reden, als er gesprochen hat, selbst auf die Gefahr hin, daß er damit die Richter erzürnt. Besonders muß er in Konflikt mit den Vertretern der attischen Demokratie kommen, weil er sich nicht der allgemein üblichen Unsitte unterwerfen kann, die Gunst der Richter durch Jammern und Schmeichelei zu erbetteln. Gegen die Korruption eines ungerechten Staates kann sich der gerechte Philosoph nicht recht wehren. Dieser Gedanke wird von Platon noch ausgeweitet: Als der von Gott Berufene steht Sokrates vor der Entscheidung, zwischen der Treue zu seiner Berufung und dem Leben zu wählen. In der *Apologie* sagt Sokrates selbst, nicht das unfaßbare hämische Gerede allein führe seinen Untergang herbei, sondern der Umstand, daß die von Gott befohlene Menschenprüfung ihm Haß heraufbeschwören mußte, dem ja auch seine Schüler verfallen, die ihn darin nachahmen *(Apologie 21 C ff u. 23 C ff).* Sokrates muß auf seinem Posten bleiben *(Apologie 28 ff).* Auch wenn ihm die Freisprechung angeboten wird, sofern er seine Menschenprüfung aufgibt, muß er der göttlichen Berufung treu bleiben. Sokrates wünscht nicht den Tod; er muß ihm aber ins Auge sehen, weil er eine göttliche, heroische Aufgabe hat, wie Achilles, wie die Helden Spartas und wie Leonidas.

129. Wie ist die literarische Überlieferung über den Prozeßverlauf? Wie lautet der Gegenantrag, nachdem die Richter das „schuldig" ausgesprochen haben: Bei Diogenes Laertius stellt Sokrates den Gegenantrag auf eine Geldbuße von 25 Drachmen. Über dieses geringe Ausmaß der beantragten Strafe herrscht bei den Richtern große Entrüstung. Darauf beantragt Sokrates die Speisung im Prytaneion[1]. Und jetzt wird sofort das Todesurteil über ihn ausgesprochen. Psychologisch weniger überzeugend ist die umgekehrte Reihenfolge. Bei Platon *(Apologie 36 C ff.)* beantragt Sokrates die Speisung im Prytaneion. Als Begründung führt er nicht seine einstigen Verdienste um die Polis an, sondern er sagt, er finde

[1] Das P. ist das Amtsgebäude der Prytanen, des geschäftsführenden Ausschusses des Rates, in dem Ehrengäste des Staates auf öffentliche Kosten gespeist werden.

wegen seines gottgewollten Berufes keine Zeit, für den Unterhalt zu sorgen. An anderer Stelle *(38 ff.)* ist er bereit, eine Mine Silber als Buße zu beantragen. Seine Freunde, Platon, Kriton, Kritobulos und Apollodoros versetzen ihn aber in die Lage, da sie sich als Bürgen angeboten haben, 30 Minen zu beantragen. Ganz konsequent ist die Version in der *Apologie des Xenophon* (23), wo Sokrates überhaupt keinen Gegenantrag stellt. Wenn er sich keiner Schuld bewußt ist und auf seine göttliche Mission pocht, dann kann er entweder keine Buße beantragen und muß schweigen, oder er muß betonen, daß er die höchste Ehre verdiene.

130. Im *Phaidon (115 E)* lehnt er jede Art von Bestattungsfeierlichkeit ab. Daß der Leib, den die Seele verlassen hat, um in ihre göttliche Heimat zurückzufinden, ein wertloses Ding ist, betont auch Platon in den *Gesetzen (XII 595 C/D): Es soll niemand bei Begräbnissen ... einen Aufwand machen ... in dem Wahne, daß diese Fleischmasse, welche da begraben wird, sein Anverwandter sei, sondern jeder soll denken, daß sein Sohn ... in Wahrheit dahingegangen sei, um sein Schicksal zu vollenden ...* Die legendäre Heroisierung beginnt schon bei Antisthenes: Voll Kummer schläft ein Jüngling am Grabe des eben hingerichteten Sokrates ein, den er hatte besuchen wollen; da erscheint ihm Sokrates im Traume und tröstet ihn *(Gigon II 92 ff.)*.

131. **Der politische Hintergrund des Sokratesprozesses**[1]**:** Heute wie vor 2350 Jahren bewegt der Sokratesprozeß die Gemüter der Gebildeten. In der *Apologie* gibt Platon keinen Stenogrammbericht der Verteidigungsrede des historischen Sokrates, sondern er will sein Kunstwerk als einen Rechenschaftsbericht aufgefaßt wissen, den der wahre und einzige Staatsmann, der von Gott gesandte Mahner, Warner und Seher vor der Polisgemeinde ablegt. So etwa läßt Thukydides den Perikles die letzte Einsicht des wahren und wirklichen Staatsmannes in der letzten Rede *II 60* entwickeln. Wenn das Richterkollegium gegenüber dem geistig überlegenen, furchtlosen Weisen eine wenig ruhmvolle Rolle spielt, so entspricht das der Absicht Platons, der die Demokratie ablehnte. Sokrates war gewiß ein eigenartiger und eigensinniger Angeklagter, der den Richtern durch seinen provozierenden Antrag auf die höchste Ehrung in Athen den Weg zu jeglichem Kompromiß versperrte. So kam das Todesurteil für die Bürger nicht unerwartet. Viele stimmten auch dafür, weil sie wußten, daß eine große Zahl der führenden Politiker froh war, wenn dieser lästige Mahner nun beseitigt wurde.

132. Aber die entscheidendsten Gründe für dieses Fehlurteil wurzelten in der tragischen politischen Lage: Ein erbittertes Ringen war soeben zu Ende gegangen; nachdem die glänzende Epoche der athenischen Demokratie, die Zeit des Perikles, des Herodot und der großen Tra-

---

[1] Immer noch ein Genuß ist die Lektüre der geistreichen Schrift von M. Alsberg, dem einstmals berühmten Berliner Verteidiger: *Der Prozeß des Sokrates im Lichte moderner Jurisprudenz und Psychologie* (Schriften zur Psychologie der Strafrechtspflege, Heft 1, 2. Aufl., Berlin 1928).

giker im Strudel des Peloponnesischen Krieges versunken war, erlag die Demokratie dem Obrigkeitsstaat der Spartaner mit Hilfe der – wir würden sagen – „fünften Kolonne“ der Aristokraten in der Stadt. Und zu den Totengräbern der Demokratie gehörten die berühmtesten Schüler des Sokrates: Alkibiades, Kritias, Charmides. Unter der Führung von Kritias und Charmides terrorisierten die Dreißig die athenische Bevölkerung. Bei der Gegenrevolution kamen Kritias und Charmides um; ihr Neffe war kein geringerer als Platon. Kaum war die Herrschaft der Demokraten wieder hergestellt, da wurde Sokrates der Prozeß gemacht. Er war nach der allgemeinen Ansicht der Lehrer der Feinde der Demokratie und der Führer des Terrorregimes gewesen.

133. Hier lag die tragische Verkettung. Wegen der Amnestie für alle politischen Vergehen konnte man für den Prozeß nicht die wahren Gründe ins Feld führen; also lautete die Anklage: Er verführe die Jugend. Jedermann wußte, was in Wirklichkeit gespielt wurde. Hinter dem Prozeß lauerte weniger ein nachträglicher Racheakt der Demokraten; vielmehr wollte man eine Wiederholung der Tragödie vermeiden und neues Unheil verhüten. Sokrates, der so einer tragischen Verkettung erlag, mußte sich unschuldig fühlen und empfand die Bestrafung als ein schreiendes Unrecht. Er konnte ja auf die Tatsache hinweisen, daß er sich als wahrer Demokrat erwiesen habe, daß er sich mit männlichem Mut, mit fanatischem Gerechtigkeitssinn den Befehlen der Bluthunde widersetzt habe. Und doch lag auf ihm eine tragische Verantwortung, da die führenden Staatsverräter seine Schüler und Freunde gewesen waren. Diese hatten die Demokratie verraten und zugrunde gerichtet. Konnte er das damals ahnen, als er diese Männer durch die Art seiner Menschenführung begeisterte? Gewiß nicht! Aber die Geschichte fordert auch von denen Rechenschaft, auf die trotz der reinsten Absicht nur durch ihre exponierte Stellung in der Öffentlichkeit der tragische Schatten der Mitschuld fällt.

B. DIE SOKRATIKER

134. **Xenophon:** Daß Xenophon mit Sokrates gut bekannt war, ergibt sich aus der in der *Anabasis (III, 1, 5 ff.)* erzählten Episode: Als Proxenos (402) den Freund auffordert, sich dem Kreis des jüngeren Kyros anzuschließen, holt er bei Sokrates Rat. Und dieser hält bei dieser wichtigen Entscheidung eine Befragung des Gottes in Delphi für dringend; er macht ihn auch darauf aufmerksam, daß die Athener ihm eine Verbindung mit dem Spartanerfreund Kyros verübeln könnten. Und wirklich wurde er später verbannt. Als Gutsbesitzer von Spartas Gnaden hat Xenophon dann in Skillus bei Olympia und später in Korinth 30 Jahre nach dem Tode des Sokrates

eine Apologie[1] geschrieben, zu der noch das „Symposion“ und die „Memorabilien“ kamen. Xenophon war ein philosophisch interessierter Oberst a. D., der den festen Rahmen einer praktischen Ethik schätzte, ein Denker und Philosoph war er nicht. Er hat das ihm vorliegende Material als Literat exzerpiert und nach Gesichtspunkten gegliedert. Seine Arbeitsmethode verkündet er uns durch den Mund des Sokrates in den *Memorabilien (I 6, 14): Ich bin gewohnt, die Schätze der Weisheit, welche kluge Männer der früheren Zeiten in ihren Büchern niedergelegt haben, in Gemeinschaft mit meinen Freunden zu lesen, und wenn wir etwas Gutes finden, machen wir Auszüge.* In seinen „Erinnerungen“ wollte er den Sokrates im Gegensatz zu Platon so darstellen, wie er ihn auffaßte. Inwieweit er ihn verstanden hat, ist eine andere Frage. Als Form wählt er die Dialogform, deren Primitivität allerdings zeigt, daß er den wahren sokratischen Dialog, „das Geschenk der Götter“, wenig verstanden hat. Was er dem Sokrates als positive Lehrsätze zuschreibt, sind meist oft sehr biedere Meinungen des Herrn Oberst selbst, der sicher mehr von Rosenzucht verstand als von Philosophie. Wir können so auch durch Xenophon bestätigt finden, daß Sokrates keine bestimmte Lehre vortrug *(Schwartz 88 ff.)*. Wichtig ist, daß Xenophon uns die ältere Literatur über Sokrates in Auszügen bietet, sichtend und nach bestimmten Gesichtspunkten gliedernd. Wenn wir jedoch hoffen, das bei ihm zu finden, was wir für das Sokratesbild bitter nötig hätten, nämlich die Möglichkeit, den lebendigen Rahmen, das farbige Milieu der wirklichen sokratischen Gespräche zu rekonstruieren, so werden wir enttäuscht *(Gigon II 42–52)*. Die Denkwürdigkeiten etwa mit den Unterhaltungen Eckermanns mit Goethe in Parallele zu setzen, wäre vollkommen verfehlt.

135. **Eukleides von Megara:** Die antike schematisierende Geschichte der Philosophie, die überall Schulen konstruierte, hat diesen Schüler des Sokrates zum Begründer der Megariker[2] gemacht. Anekdoten sollen seine unbedingte Treue und Verehrung illustrieren, die er seinem Meister entgegenbrachte. Nach *Diogenes Laertius (6, 2)* fanden die nach der Hinrichtung des Sokrates aus Athen geflüchteten Freunde bei ihm Zuflucht. Im Vorgespräch zum *„Theaetet“* ist Eukleides der Gesprächspartner des Sokratikers Terpsion. Er steht der eleatischen Lehre sehr nahe. Im Anschluß an Parmenides lehrte er: Das Gute ist das Seiende, das ewig ist; das Schlechte ist das Nichtseiende. Das Gute wird von den

[1] In dieser Schrift polemisiert er gegen die Anklageschrift des Sophisten Polykrates, der in die in Athen offenbar lebhaft geführte Debatte über Recht oder Unrecht des Sokratesprozesses eingriff, um im Sinne der Demokratie die Verurteilung des Sokrates zu rechtfertigen. Wie die Athener über die Hinrichtung des Sokrates dachten, zeigt ihre Reaktion bei der Palamedes-Aufführung (vgl. meinen Kommentar p. 44).

[2] Die Megariker waren eine wirkliche Schule, die vor allem die Dialektik im Sinne der Eristik des Protagoras pflegten; dieser Ausdruck ist für das Wesen der Redekunst und Diskussionskunst des Protagoras bezeichnend: Durch Ringertricks wirft der Meister im Streit der Rede (Eris) seine Gegner zu Boden!

Menschen bald Phronesis (Einsicht), bald Gott, bald Nus (Vernunft) genannt. Jeder Mensch hat von Geburt an zwei Daimones bei sich *(Gigon II 282–89).*

136. **Antisthenes aus Athen:** Er führte seine Gespräche meist in dem Gymnasion Kynosarges und gilt als Begründer der K y n i k e r. Er war zuerst Schüler des Gorgias und schloß sich dann leidenschaftlich an Sokrates an *(Xenophon Mem. III 11, 17).* Von seinem riesigen Schrifttum haben wir nur wenige Fragmente. Die Themen waren sehr mannigfaltig: In der Schrift *„Aspasia"* läßt er den Perikles vollkommen von seiner Mätresse beherrscht sein. In *„Kyros"* und *„Herakles"* behandelt er das Thema, daß die Arbeit ein Wert sei. Seine Lehre galt der p r a k t i s c h e n E t h i k, die oft dem griechischen Denken und Fühlen ins Gesicht schlägt. Als ein wünschenswertes Gut rühmt er die Unberühmtheit und den Ponos (als die mühevolle Schufterei). Andere Paradoxa widersprechen ebenfalls mit Absicht der griechischen Anschauung. Anders klingt der Satz: *Die Tugend ist das einzige unverlierbare Gut, die einzige Waffe, die einem niemand aus der Hand schlagen kann. Zur Tugend ist nichts erforderlich als die Stärke eines Sokrates.* Von der Lust sagt er: *Ich möchte lieber wahnsinnig sein als Lust empfinden.* Die Tugend ist nicht eine Sache des Redens und Lernens, sondern des Handelns. Nicht auf irgendein Wissen kommt es an, sondern auf die innere Stärke. Zur Tugend gelangt man durch das e t h i s c h e T r a i n i n g (Ponos) und durch die Sokratische Epistéme (das wahre Wissen des Philosophen; vgl. *Schwartz 120).* Kunst und Gelehrsamkeit, Mathematik und Naturwissenschaften verachtet er. Gegen Platons Ideenlehre steht er in starrer Opposition *(Gigon II 289–300).*

137. **Aristippos aus Kyrene:** Im Gegensatz zu Antisthenes paßt sich Aristippos, seinem Wesen nach ein Sophist, mit souveräner Gewandtheit und philosophischer Ruhe jeder Situation an. Viele Anekdoten berichten von dieser weltmännischen Wendigkeit (vgl. sein Verhältnis zur korinthischen Hetäre Lais). Von seinen Schriften waren 25 Dialoge in sokratischem Sinne berühmt. Gegenüber Protagoras (Gleichung von Denken und Sein, beides unendlichen Veränderungen unterworfen; für jeden ist die Wahrnehmung, die er hat, evident) und Gorgias (der Existenz, Erkennbarkeit und Mitteilbarkeit der Dinge verwirft) versucht Aristippos einen Kompromiß: Das Sein können wir nicht erkennen; übrig bleibt nur das Empfinden unserer eigenen Zustände. Auf Grund der skeptischen Erkenntnistheorie des Protagoras sagt er: Wenn wir die Empfindung des Süßen haben, so können wir nicht behaupten, der Gegenstand, um den es sich handelt, sei süß. Das Kriterium des Handelns ist die sinnliche Empfindung und die b e f r i e d i g e n d e G e n u g t u u n g (Eudókesis), die beim L u s t g e f ü h l auftritt und die wir erstreben *(Schwartz 181 ff.).* Bei Eudoxos und Epikur (vgl. §§ 174 u. 208) ist die Lust ein W e r t, bei Aristippos nur ein K r i t e r i u m, eine Beurteilungsgrundlage. Was die Objekte wirklich sind, wissen wir nicht; wir wissen nur, daß wir bald sauer, bald süß empfinden, bald gelb, bald rot; das ist ein i n n e r e s T a s t e n. Dieses innere Tasten ist

unbegrenzt veränderlich; es gibt keine zwei Zustände, die einander gleich oder vergleichbar sind. Jeder Zustand ist in seinem Moment einzig, ohne Zusammenhang mit Vergangenheit oder Zukunft *(Gigon II 299–304)*. Diese ewige Bewegung des inneren Tastens kann ruhig und glatt sein, dann erzeugt sie Lust; ist sie rauh und stürmisch, so erzeugt sie Unlust und Schmerz. Das einzige also, was der Mensch wirklich zu erkennen vermag, sind seine jeweiligen Zustände von Lust oder Schmerz. Von diesen beiden Zuständen kann weder der eine noch der andere dauerhaft festgehalten werden. Sofern die Lust der Eudaimonia gleich ist, ist auch dieses Hochziel der griechischen Ethik unerreichbar. Das ist die Wurzel des Pessimismus der sogenannten Kyrenaïker, die Aristippos als Lehrer verehrten. Einer von diesen, Hegesias, hatte den Beinamen „Peisithanatos", weil er die wahre Eudaimonia als unerreichbar und den Tod als wünschenswert bezeichnete. Die andere Konsequenz aus dieser Lehre (Unerkennbarkeit des äußeren Seins) ist die Behauptung, die Wissenschaft sei zwecklos *(Gigon II 304–06)*.

138. **Aischines aus Athen** ahmt die platonischen Dialoge in ihrem äußeren Rahmen nach und befaßte sich nur mit einfachen ethischen Fragen. Er und nicht Kriton soll dem Sokrates zur Flucht aus dem Kerker geraten haben. Berühmt war sein Dialog *„Alkibiades"*, in dem Sokrates dem Alkibiades nachwies, daß man nur durch große Mühe und Arbeit an sich selbst Staatsmann werden könne (Beispiel ist Themistokles). Im Dialog *„Aspasia"* handelt er von der Ebenbürtigkeit von Mann und Frau. Ein philosophischer Kopf war Aischines so wenig wie Xenophon.

IV

Platon (427-347) und die Akademie

A. ÜBERBLICK UND WERKE

139. Bei dem Nachdenken und im Verlauf der Lehrgespräche über die höchsten ethischen Fragen, besonders über die Grundfrage, wie man sein Leben gestalten soll, um im Rahmen des Staates ein „guter Mann" zu werden, waren von Sokrates die Episteme (das Wissen des Philosophen) und die Areté (Tugendideal[1]) identifiziert worden. Platon kam bei seiner Auseinandersetzung mit den Sokratischen Kernsätzen, besonders bei den Gesprächen über die Tapferkeit, zur Annahme eines irrationalen, elementaren Triebes. Er ging nun der Frage über die irrationalen Elemente in der Seele des Menschen weiter nach und nannte diese *die Dinge an sich*, d. h. die auf sich gestellten Ideen (Eídē, Idéai), die von den wechselnden Erscheinungen der Welt und unseren Sinnen unabhängig sind; diese sind nur der Episteme zugänglich. Indem er sich in diese für sich existierenden „Formen" vertiefte, wurde er immer mehr der Erde entrückt. Das gibt seinem Forschen gegenüber den bisherigen philosophischen Gedanken eine neue besondere Note. Auch das alte Ziel der Eudaimonia, das höchste Wertziel der griechischen Ethik, wird so in Himmelsnähe gerückt. Es wird zwar im *Laches* und im *Gorgias* als eine der wichtigsten Fragen bezeichnet, über die der sokratische Dialog Klarheit schaffen soll, aber zu einer klaren Definition kommt es nicht. Wirkliche höchste Werte sind nur die *Dinge an sich (Schwartz 92–97)*.

140. Dem silenenhaften Zauberer Sokrates verfielen manche enthusiastischen jungen Studenten aus der vornehmen attischen Gesellschaft. Keiner aber war nach Stand, Familientradition und Überlieferung durch eine größere Kluft von ihm getrennt, keiner verstand ihn tiefer und verehrte ihn

---

[1] Arete ist schwer zu übersetzen; einen Aufriß der Begriffsentwicklung gibt *Schwartz (19 ff)*. Arete ist ein Ziel, dem man nachjagt, das nach der ethischen Einstellung und dem Standesideal verschieden ist. Die Voraussetzung dafür, daß das Ziel erreicht wird, ist das richtige Verhalten gegen die Götter und die Mitbürger *(Thukydides VII 86, 5)*. Bald heißt arete ehrenvolle Bewährung, bald Sportsieg, bald Tugend, bald seelische Kraft. Der Römer übersetzt arete mit virtus: Tugend — Mannesbewährung in Krieg und Frieden.

inniger als der Erzaristokrat Platon (vgl. die Biographie in meiner Platonausgabe). Er lernte ihn mit 20 Jahren kennen und wurde seitdem bis zum Tode des Meisters im Banne des armen Handwerkersohnes festgehalten. Platon stand an der Schwelle der Mannheit, als das unglückselige Ende des Peloponnesischen Krieges über Athen hereinbrach; damals glänzte Aristophanes auf der Höhe seines Ruhmes, Sophokles und Euripides hatten ihre letzten Stücke über die Bühne gehen lassen. Als Jüngling besuchte Platon die überfüllten Horsäle der Sophisten Gorgias und Protagoras. Aber die schönen Phrasen konnten den hochfliegenden Geist des jungen Wahrheitssuchers nicht befriedigen. Mehr fesselte ihn das Studium des dunklen Heraklit, der gelehrt hatte: Wahre Erkenntnis ist unmöglich, da die Objekte der Sinneswahrnehmung sich immer verändern. Dasselbe Problem griff Kratylos in seinen Vorlesungen auf; ihn hörte Platon eine Zeitlang, bis er den Mangel an Methodik erkannte. Aber das Entscheidendste war, daß er über Kratylos mit Sokrates in Kontakt kam; diese Bekanntschaft war für die Entwicklung und das Leben des angehenden Philosophen von ausschlaggebender Bedeutung.

141. Wie der junge Philosophiestudent von der Persönlichkeit des Sokrates ergriffen war, bezeugen die Worte, die er dem Alkibiades im *Symposion* in den Mund legt *(vgl. meine Symposionübersetzung im Goldmann-Verlag 1957, Gelbe Reihe 560)*

„Ich für meine Person, ihr Männer, wenn ich nicht fürchtete, ganz und gar betrunken zu erscheinen, ich würde euch den tiefen Eindruck mit einem Eid bekräftigen, den Eindruck, den des Sokrates Reden immer auf mich ausgeübt haben und noch ausüben; wenn ich ihn höre, dann pocht mir das Herz in der Brust, stürmischer als einem vom Korybantentaumel Ergriffenen, und Tränen entströmen meinen Augen unter der Gewalt seiner Worte; und ich sehe, daß sehr vielen andern dasselbe widerfährt. Wenn ich dagegen den Perikles sprechen hörte und andere guten Redner, so fand ich, daß sie gut sprachen; doch solch tiefgehenden Eindruck habe ich bei ihnen niemals empfunden, noch war meine Seele wie von einem Taumel ergriffen, noch von Ärger und Unwillen, als ob sie in eine sklavische Hörigkeit verfallen sei. Aber dieser Marsyas da hat mich oft in eine solche Stimmung versetzt, daß ich das Gefühl hatte, ich könnte dies Leben kaum mehr so weiterleben in dem Zustand, in dem ich bin. Und du, mein lieber Sokrates, wirst doch nicht behaupten wollen, daß das nicht der Wahrheit entspräche. Und auch jetzt noch bin ich mir vollkommen darüber klar: Wenn ich seinen Worten mein Ohr leihen würde, würde ich keine Kraft zum Widerstande haben, sondern es würde mir genau so ergehen ... Und oft hege ich wohl den stillen Wunsch, ihn nicht mehr unter den Lebenden zu sehen; wenn aber das geschehen würde, dann weiß ich gewiß, daß mich dann die Verzweiflung erfassen würde; und so weiß ich wirklich nicht, was ich mit diesem Mann anfangen soll!"

142. Während andere Schüler des Sokrates, angeregt durch die Mimen des Sophron aus Syrakus, realistische Gespräche schrieben, wandte Platon als äußere Form der gedanklichen Diskussion die sokratische Dialogform (vgl. §§ 110/11) an. Als Platon 20 Jahre alt war, hatte Sokrates die 60 schon überschritten, und ganz Athen kannte den wunderlichen Satyr,

der wie eine Bremse den Spießbürgern im Nacken saß, sie aus ihrer Alltagsmoral aufjagte und der von dem Mann aus dem Volke als ein besonders gefährlicher und unangenehmer Vertreter des sophistischen Modernismus schief angesehen wurde. Platon bewunderte an ihm die besondere Kunst, mit der er, wenn auch umständlich, die Begriffe Groß, Klein, Schön, Häßlich meist induktiv zu finden verstand, sich anlehnend an die Methode der Pythagoreer, mathematische Lehrsätze aufzustellen. Im *Phaidon* beschreibt Platon, wie er enttäuscht durch die Physiker und durch Anaxagoras endlich den Weg zu Sokrates fand, wie er den umständlichen, aber eigenartig fesselnden Gedankengängen des Satyrs lauschte. Aber die Athener hatten je nach Alter und Bildung sich ihre Meinung über Sokrates auf Grund der Szenen geformt, die sie in den „Wolken" des Aristophanes an sich vorüberziehen sahen: Sokrates als Erzsophist und blutleerer Wolkensegler. In seinen Frühdialogen zeichnet Platon den Scharfsinn und den ethischen Ernst des von den Athenern vollkommen verkannten Weisen.

143. Die Hinrichtung des Sokrates (399) war für Platon ein furchtbarer Schlag. Im *Gorgias* schleudert er seinen Mitbürgern die Anklage ins Gesicht: *Ihr glaubt, Sokrates mit eurem Urteil vernichtet zu haben; ich aber sage euch: Unrecht leiden ist besser als Unrecht tun! Euer ganzer Staat ist so faul, daß der Gerechte, der gerecht bleiben will, in ihm untergehen muß. So hat Sokrates recht gehabt, nicht ihr. Das Gericht, das jeder Seele nach dem Tode ihr Recht werden läßt, wird es zeigen. (Schwartz).* Nach dem Tode des Meisters begannen 12 Wander- und Lehrjahre Platons. Zunächst weilte er in Megara, wo Eukleides seine Vorlesungen über Dialektik hielt. Hier mag er einige seiner Jugenddialoge *(Apologie, Kriton, Euthyphron, Charmides, Laches, Lysis)* geschrieben haben, in denen er den Athenern den Nachweis lieferte, wie falsch sie den Sokrates beurteilt hatten. Es folgten Weltreisen, die ihn nach den Zentren der Kultur führten: In Kyrene hörte er den berühmten Mathematiker Theodoros; in Ägypten suchte er in die uralte Priesterweisheit einzudringen. Um 390 finden wir ihn in Italien, wo er mit den Pythagoreern und dem Staatsmann Archytas von Tarent Fühlung nahm. Auf Sizilien machte er 387 auf Dion, den Schwager des mächtigen Dionys, großen Eindruck; als er aber den Tyrannen selbst als Lehrer der Politik beeinflussen wollte, kam es zu einem Konflikt.

144. Platon kehrte enttäuscht nach Athen zurück. Hier gründete der etwa Vierzigjährige, angeregt durch die Pythagoreerbünde, die berühmte Akademie. In der Hochschule im Hain des Heros Akademos schulte er seine Schüler in der Kunst der sokratischen Gesprächsführung über Staatsethik und die sokratischen Begriffe. Der Dialog *Gorgias* zeigt durch Stoff und Ton, wie zwischen dieser blühenden Hochschule und der des Isokrates sich eine fruchtbare Rivalität herausbildete. An dem Ausbau der Akademie arbeitete Platon bis zu seinem Tode (347). Plutarch schildert uns in seinem *Dion* das Leben in der Akademie: Diskussionsseminare und Vorträge

wechselten sich ab; einmal im Monat veranstaltete die Leitung ein Symposion der Akademiegenossenschaft. Als Hauptziel setzte sich Platon die Aufgabe, einen Nachwuchs heranzubilden, der durch eine regelrechte ethisch-politische Erziehung in der Lage war, den wahren Staat der Gerechtigkeit in der Tat aufzubauen und auch andere zu lehren, wie man als Mann ein Beispiel der Kalokagathia (das Ideal der körperlichen und geistig-seelischen Harmonie des anḗr kalós kai agathós) abgibt und zur Eudaimonia (wahres Lebensglück) gelangt. Der Begriff der Eudaimonia stammt aus der Adelsethik: die Eudaimonia besitzt ein Mensch, mit dem sein Daimon (eu - daimon) es gut meint *(Schwartz 63 ff.)*. Noch zweimal (367 und 361) folgte Platon dem Rufe seines Freundes Dion nach Sizilien. In Syrakus versuchte er, den jüngeren Dionys gemäß seinem Staatsideal zu formen; aber beide Male mußte der Meister enttäuscht seinen Versuch aufgeben, erst recht, als Dion 353 ermordet wurde. Von jetzt an widmete er seine ganze Kraft dem inneren und äußeren Aufbau der Akademie.

145. **Seine Werke,** die zur Zeit des Tiberius in 9 Tetralogien geordnet wurden, sind abgesehen von einigen unechten Dialogen und Briefen echt; wir können sie gliedern in:

1. Frühwerke: *Apologie* (fingierte Verteidigungsrede des Sokrates), *Kriton* (der gesetzestreue Sokrates); dazu einige kleine Dialoge: *Ion* (der wahre Dichter und der wahre Philosoph), *Euthyphron* (Wesen der Frömmigkeit, Zustände im damaligen Athen), *Laches* (Wesen der Tapferkeit, Wissen und Wollen), *Charmides* (Sophrosyne im Rahmen der sokratischen Tugendlehre), *Lysis* (Freundschaft), *Protagoras* (wissenschaftliche Methode des Sokrates gegenüber dem Blendwerk der Sophistik).

2. Werdezeit: *Gorgias* (Bekämpfung der landläufigen Rhetorik als der Ursache des krankhaften Zeitgeistes, eine wichtige Programmschrift aus der Gründungszeit der Akademie), *Euthydemos* (Ironisierung der sophistischen Trugschlüsse), *Kratylos* (sind die Benennungen der Objekte durch eine Art Abmachung oder auf natürlichem Wege zustande gekommen? Bekämpfung der Sprachtheorien der Sophisten), *Menon* (Lehrbarkeit der Tugend, Lehre von der Wiedererinnerung, ein Sklave konstruiert ein Quadrat, das den doppelten Inhalt eines gegebenen Quadrates hat).

3. Hauptschriften der Reifezeit: *Symposion* (der wahre Eros als der philosophische Urtrieb), *Phaidon* (Unsterblichkeit der Seele), *Theaetet* (das Wesen des Wissens), *Parmenides* (Teilnahme der Einzeldinge an den Ideen, das Nichtsein).

4. Die Alterswerke: *Phaidros* (Ideenlehre, Dreiteilung der Seele), *Sophistes* (Wesen der Sophisten), *Politikos* (Definition des Staatsmannes), *Philebos* (Lehre vom Guten), *Timaios* (Naturphilosophie, Entstehung des Weltganzen), *Kritias* (Urgeschichte der Menschheit, Geschichte Athens und der Atlantis), *Nomoi* (Der Gesetzesstaat). Die *Politeia* gehört verschiedenen Schaffensperioden an (Dialog über Gerechtigkeit, Lehre vom besten Staat).

B. DIE IDEENLEHRE

146. **Einleitende Ausführungen:** Fernab von jeglicher starren Systematik umkreist Platon in lebendigen und aufrüttelnden Gesprächen immer wieder klärend, läuternd und Schlüsse ziehend die beiden Grundfragen: Gibt es ein wahrhaft Seiendes als Grundlage und Gegenstand des Wissens? Gibt es ein wirkliches Wissen (Epistḗme) von den Dingen, das im Gegensatz zu der Meinung der Menge (Oíesis) dauernden Bestandswert hat? Die Frage nach dem Begriff der Episteme war schon für Sokrates eine brennende Kardinalfrage. Ist dieses Wissen nur für den einzelnen bindend oder für die Gesamtheit? Dieser Begriff des wahren Wissens, auf dem der Begriff der Wahrheit (des Nichtverborgenseins: Alḗtheia) beruht, wird im Theaetet nach allen Seiten beleuchtet, wobei der Schwerpunkt des Angriffes gegen den Subjektivismus der Sophisten durch Bekämpfung des Protagoras gerichtet ist, nach dem jeder seine Ansicht als die maßgebende propagieren kann. Zunächst wird die Sinneswahrnehmung (Aísthēsis) als Grundlage der Wahrheitserkenntnis ausgeschaltet, die sich auf das wahrhaft Seiende richtet: die Erkenntnis des wahrhaft Seienden kann sie uns nicht vermitteln, da sie an die Sinnesorgane gebunden ist, von denen jedes nur die ihm zugehörige Qualität erfaßt, z. B. das Auge die Farbe usw., wobei noch die Objekte ständig wechseln. So kann nur der in der Seele begründete Verstand der Grund des wahren Wissens sein *(Apelt)*. Das Wissen kann nur erreicht werden mit Hilfe der Begriffe, d. h. des reinen Denkens (Nóēsis). Das Wissen ist die durch reines Denken ergründete Erkenntnis des unveränderlich Seienden, d. h. der Ideen.

147. **Vorstadien der Idee.** Der Begriff, den Sokrates in vielen mühevollen und umständlichen Diskussionen ermittelt hatte, war zunächst der Ausgangspunkt der Ideenlehre. Dazu nehme man noch folgende Erwägungen: Die griechische Kunst hatte den klassischen Typ herausgearbeitet, der von einem bestimmten Formgesetz getragen war. Dieses Formgesetz ahnt der Kenner bei der Betrachtung des Werkes; aber das Gesetz selbst ist im Gegensatz zu dem Marmorobjekt unstofflich; es schimmert durch den Marmor hindurch, wie die Seele, durch den lebenden Körper hindurchschimmernd, diesem den wahren Ausdruck verleiht. So dämmert die Ahnung auf, daß die Gesamtordnung eines lebendigen Ganzen mehr ist und früher besteht als das Einzelne.

Für die Mathematiker stand der Begriff „Kreis“ als vollkommenste Linie, der Begriff „Kugel“ als vollkommenster Körper über den einzelnen Erscheinungsformen des Kreises und der Kugel. Auch der Mathematiker war beherrscht von der Grundanschauung „der Praevalenz idealer Totalitäten“ *(Hoffmann)*. Weiterhin hatten sich in der Mathematik und Medizin Methoden des Denkens entwickelt, die nachweisbar sichere Ergebnisse zeitigten, deren Richtigkeit man gegen jeden Einwurf beweisen konnte. Hier ist der Mensch und seine subjektive Ansicht als Maß aller Dinge ausgeschaltet. Wenn der Astronom Lauf und Aufgang eines Gestirnes richtig berechnet und wenn der Aufgang pünktlich auf die Minute eintritt, so ist daran nichts zu zweifeln und zu deuteln. Diese Methoden des Denkens wenden alle Fachleute mit Sicherheit an.

148. Aber wie kann man aus diesen Methoden eine Denklehre abstrahieren? Das ist die Hauptfrage im *Phaidon.* Ferner hat die griechische M e d i z i n einen bestimmten Körperzustand als Typ der Gesundheit in mühevollem, langem Forschen festgestellt. Auf Grund dieses absoluten Wertes stellen sich berühmte Medizinerschulen die Frage: Durch welche Ursachen wird der Körper besser oder schlechter? Wir haben also auch hier einen absoluten Wert, dem kein Sophist, auch nicht ein Protagoras zu Leibe rücken kann. So kam Platon allmählich vom sokratischen Begriff zur I d e e. Auch der Begriff ist eine Einheit, über der Vielheit stehend, sich in der Vielheit entfaltend. Auf dem Gebiet der Ethik hatte Sokrates mit dem Begriff gearbeitet, der ihm Definitionen finden half. Platon aber kam über den Begriff zur Annahme, daß die Definition etwas vom Sinnlichen Verschiedenes zu ihrem Gegenstand habe; denn unmöglich könne es eine allgemeine Definition von irgend einem sinnlichen Gegenstand geben, da dieser sich in beständiger Veränderung befindet. Diese Begriffe also nannte er Ideen (etwa = Urformen). Sie sind das wahrhaft Seiende; die Erkenntnisformen der Sinnenwelt dagegen seien neben diesen und werden nach diesen benannt *(Aristoteles Metaphysik 1, 6; Hoffmann 142).*

149. **Die eigentliche Ideenlehre.** Mit der L e h r e v o n d e r I d e e ist Platon der Begründer des I d e a l i s m u s. Bis jetzt hatten wir als Ergebnis unserer Betrachtungen: Sinneswahrnehmung (Aísthēsis) und Denkerkenntnis (Nóēsis) sind wesensverschieden; vor allem hat die Denkerkenntnis auf den Gebieten der Geometrie, der Arithmetik und der Astronomie allgemein anerkannte Wahrheitssätze zu Tage gefördert. Wodurch ist nun diese Wahrheitserkenntnis möglich? Daß sie existiert, ist bewiesen. Platon brachte die Lösung: *Wahrnehmen und Denken sind verschieden, weil und insofern der Gegenstand des Denkens ein anderer ist als der der Wahrnehmung: dieser ist die Welt der Körper, jener die der Ideen (Hoffmann).* Welches ist aber das Wesen dieser Idee, die der Denkerkenntnis als Gegenstand eigentümlich ist, die im Gegensatz zu den Gegenständen der Aisthesis ein beharrendes Sein darstellt? Um diese Frage zu lösen, untersucht Platon den Prozeß der Denkerkenntnis im Gegensatz zur Aisthesis.

150. Schauen wir dem Pflasterer zu, wie er seine Steine auswählt, so fällt uns wohl ein Paar auf, das wir als gleich bezeichnen, obwohl wir bestimmt wissen, daß sie nicht ganz gleich sind, daß überhaupt zwei sichtbare Körper nie ganz gleich sein können. W i e k o m m e n w i r n u n z u r V o r s t e l l u n g d e r G l e i c h h e i t a n s i c h ? Auf keinen Fall durch Sinneswahrnehmung (Aísthēsis); denn diese kann nicht einmal gleiche Dinge feststellen, geschweige denn „die Gleichheit selbst" uns vermitteln. Wie das Absolute dem Relativen, so ist das Wesen der Gleichheit an sich dem Wesen dessen entgegengesetzt, was wir durch die Sinne wahrnehmen. Ein-

mal kann die Gleichheit als Objekt nie in der körperlichen Welt gefunden werden; dann kann die Erkenntnisquelle niemals ein Organ der Aisthesis sein. Also kann die Gleichheit an sich als Objekt nur einer unkörperlichen Welt angehören. Ferner kann sie nur von der nicht-sinnlichen Denkerkenntnis erkannt werden. Und doch stehen Denkerkenntnis und Sinneswahrnehmung in einem bestimmten Zusammenhang (vgl. Vorsokratiker § 41): Wir nennen zwei Quadersteine einander gleich, weil wir ihr Verhältnis zueinander auf den Begriff des Gleichheitsverhältnisses beziehen, den wir mit der Denkerkenntnis denken: das Denken dieses Begriffes der Gleichheit wird aber erst geweckt durch die Sinneswahrnehmung der beiden Steine, die wir in Beziehung bringen. Solche Begriffe, deren Inhalt niemals durch Sinneserfahrung erschöpfend geliefert wird, die vielmehr erst an die Gegenstände der Erfahrung herangebracht werden müssen, damit wir der Erfahrung die Form des Denkurteils geben können, heißen Grundbegriffe *(Hoffmann 148)*. Diese Grundbegriffe gebrauchen wir als Mittel des Denkens; sie sind die erste Phalanx der Formen des reinen Seins der Ideen und entsprechen den Kategorien Kants: Gleichheit, Einheit, Beschaffenheit, Seinsheit usw.

151. Wenn der Geometer ein Stück Land ausmißt, so legt er bestimmte Grundsätze und Lehrsätze zugrunde, die mit der Sinneswahrnehmung des Stückes Erde nicht gegeben sind, und geht so „progressiv“ an das Objekt heran. Ferner: die Tangente, die ich auf dem Reißbrett zeichne, berührt den Kreis stets in mehreren Punkten; der Berechnung der Tangente legt aber der Mathematiker den Begriff der wahren Tangente zu Grunde, die nur einen Berührungspunkt hat. Diese wahre Tangente stellt ein reines Sein dar; sie ist die Tangente schlechthin, absolut im Gegensatz zur relativen Tangente, die ich mit einem mehr oder weniger spitzen Bleistift zeichne. Die Begriffe Tangente, Parallele, Kreis, Ellipse usw. sind für den Mathematiker „Ausgangspunkte“ für seine Beschäftigung mit dem Objekt. Diese mathematischen Ideen heißen bei Platon Grundlagen.

152. Genau so ist es mit den obersten Wertbegriffen: Wenn wir eine Handlung als schön beurteilen, als tugendhaft, eine Haltung als tapfer, eine Gesinnung als fromm, so sind wir zu dieser Feststellung nur fähig, weil der Inbegriff des an sich Schönen, Guten, Tapferen, Frommen, Tugendhaften unserem Denken zugrunde gelegt ist; erst von dieser Grundlage aus können wir das einzelne als gut, fromm, schön usw. ansprechen. Sokrates war in der Erkenntnis dieser obersten Wertbegriffe schon sehr weit vorgestürmt: Man muß ein Gerechtes an sich anerkennen, wenn man es wagen will, von einer gerechten Handlung zu sprechen; das Gerechte an sich kommt in den einzelnen Handlungen nur mehr oder weniger zur Darstellung. Platon aber entdeckte den wahren Charakter dieser höchsten Wertbegriffe, der die Erkenntnis wirklich schafft. Die Wertbegriffe nennt Platon Ideen, Formen, das Seiende, das Ansich des Guten, das Ansich des Schönen. Die Idee ist das absolut Seiende (τὸ αὐτὸ

καθ' αὑτό), das wirklich Seiende (τὸ ὄντως ὄν), das immer sich Gleichbleibende (τὸ κατὰ ταὐτὸ ὄν, τὸ ὡσαύτως ὄν), das, was vielen gleichnamigen Dingen gemeinsam ist (τὸ ἓν ἐπὶ πολλῶν). Die Idee ist nur dem reinen Denken (Nóēsis = νόησις) zugänglich und heißt daher auch das Gedachte (νοητόν). Manchmal nennt Platon die Ideen auch Vernunftsgründe (Logoi). Platon ist sich der Bedeutung dieser Entdeckung bewußt: Im *Theaetet c. 25* lesen wir von dem, welcher vom Philosophen gewürdigt wird, die Ideen zu schauen: *Vom Schwindel ergriffen infolge der Höhe, in der er schwebt, und von oben aus den Luftraum überblickend, verliert er infolge des ungewohnten Zustandes die Fassung, weiß nicht aus noch ein.*

153. **Der Dualismus Platons, Begriff der Methexis.** Grundsätzlich scheiden sich in der Lehre Platons zwei Welten:

Denkerkenntnis (Nóēsis)	Sinneswahrnehmung (Aísthēsis)
Objekte der Noesis: Ideen	Objekte der Aisthesis: Dinge
geistige Organe: Ideenwelt	sinnliche Organe: Sinnenwelt
Sein	Werden und Geschehen
Gesetzmäßigkeit des Seienden	Zufälligkeit des Einzelnen
Geistiges, Ewiges, unveränderliche Form	Sinnliches, Vergängliches, Stoffliches
Unbedingtes	Bedingtes
Absolutes	Relatives
Überempirisches	Empirisches
Vollkommenes	Unvollkommenes

Trotz dieser Zweiweltentheorie ist die Kluft zwischen den beiden Welten nicht unüberbrückbar. Hier schaltet Platon den Bindebegriff der Methexis, der Teilnahme ein. So sagt Sokrates im *Parmenides (132 D): Die Ideen stehen gleichsam als Musterbilder in voller Wirklichkeit da; die Einzeldinge aber sind ihnen ähnlich und sind Abbildungen von ihnen, und die Teilnahme der Einzeldinge an den Ideen besteht eben in nichts anderem als in dieser Nachbildung*[1] *(Apelt).* Es folgen weitere Ausführungen über die Teilnahme des Eins am Sein und an der Zeit, über die Teilnahme des Ganzen und des Teils am Eins und des Seins am Vielen. Den Hauptwert legt Platon auch bei diesen Ausführungen auf die Methexis an dem Schönen und Gerechten *(131 A ff.)*, also an den ethischen Begriffen, wie ihm ja besonders die Betrachtungen über die hohen ethischen Begriffe den Weg in das Reich der Ideen aufgetan haben[2]. So sind wir durch das Einschalten des

[1] καὶ ἡ μέθεξις αὕτη τοῖς ἄλλοις γίγνεται τῶν εἰδῶν οὐκ ἄλλη τις ἢ εἰκασθῆναι αὐτοῖς.

[2] Die Anwendung auf die materielle Welt folgte erst später als eine logisch zwingende Konsequenz; es war sicher für Platon ein Abstieg aus seiner spekulativen Höhe, als er konsequenterweise auch die niedersten Sinnendinge auf göttliche Urbilder zurückführte *(Apelt).*

Begriffes der Methexis mit zwei Welten verbunden, der sinnlichen Welt und der Ideenwelt. Der Mensch ist das Mittlere (to Méson) zwischen den Ideen als den Ur- und Musterbildern (Paradeigmata) und den Abbildern (Eidola); durch dieses Teilhaben (Koinonein oder Koinonia) sind die Sinnendinge im platonischen Sinne *gerettet* und *gerechtfertigt.* Ein Gegenstand wird dadurch schön, daß er teilnehmend an der Idee, dem Urbild des Schönen, gedacht wird *(Metzke).* Aus dieser Mittelstellung, aus diesem Mischcharakter, ergibt sich u. a. die Staffelung unserer Erkenntnisgrade *(Hoffmann 153).* Diese Mittelstelle ist gewissermaßen die Verbindungsstation zwischen der Vernunft und den Trieben der Sinne; der eine ist nun einmal mehr an die Erdendinge gebunden als der andere; daher ist die Reinheit der Noesis abgestuft. Diese waltet zwischen Idee und Ding als ein Mittleres, Drittes. Wir nehmen ein Viereck nicht wahr, weil es tatsächlich ein Viereck ist, sondern weil die denkende Seele die Figur auf dem Reißbrett nach dem Muster des Urbildes als Viereck deutet.

154. **Dreiteilung der Erkenntnisstufen.** Diese Mittelstellung der menschlichen Erkenntnis führt zur Trichotomie (Dreiteilung) der Erkenntnisstufen. Der höchste Erkenntnisgrad (das Erkennen der Ideen selbst) heißt noetisch (rein geistig); der unterste Grad, der der Aisthesis am nächsten steht, heißt aisthetisch (wahrnehmend); der mittlere Grad wird als dianoetisch bezeichnet. Eine vierte Stufe, die von dieser Welt sich ganz abstrahiert, ist die reine geistige Schau, die Intuition (sie vermittelt das wahre Glück als Lebensziel, die Eudaimonia; denn sie ist eine in sich und durch sich selbst wirkende Kraft). Die vier Stufen finden wir im Höhlengleichnis: Wir haben eine Höhle vor uns mit einem künstlich entzündeten Feuer; draußen aber ist die wahre Lichtquelle, die leuchtende Sonne; hier stehen die Angehörigen der beiden oberen Stufen am Ufer eines Gewässers; die Dianoetiker schauen die Bilder der Sterne, die im Wasser sich spiegeln; nur wenige aber, die reinen Noetiker, sehen hinauf zu den Sternen selbst, zu der Sonne am Himmel der Ideen. In der Höhle aber starren die Menschen der niedersten Stufe, gefesselt an Schenkeln und Hals und dem künstlichen Lichte abgewandt, an die gegenüberstehende Wand, die Rückwand der Höhle. Zwischen ihnen und dem Feuer läuft ein Weg, längs dessen eine niedrige Mauer errichtet ist. Längs dieser Mauer tragen Menschen allerlei Geräte vorbei, die über die Mauer hinausragen; das künstliche Feuer wirft die Schatten dieser Geräte an die Hinterwand; die Gefesselten, die nur geradeaus stieren können, sehen die Schatten und hören allerlei Echo der Reden der Vorübertragenden. Die Menschen der zweiten Stufe können sich frei bewegen und die Dinge wirklich wahrnehmen; sie können sogar ihre Wahrnehmung auf die Beleuchtung durch das künstliche Feuer zurückführen; sie sind also auf dem Weg zum Denken *(Staat VII c 1 = 514 A ff.).* In dieser berühmten Darstellung des Verhältnisses der Menschen zu den Arten der Erkenntnis sind die Erkenntnisweisen einander übergeordnet, und nur stu-

fenweise vermag sich der Mensch von den niederen zu den höheren Arten zu erheben. Vielen ist der Aufstieg verwehrt; so sind die krassen Gegensätze in den Anschauungen der Menschen erklärlich. Wie der Phaidonmythos *(c 58 ff. = 108 D ff.)* soll auch dieser Mythos den Gegensatz zwischen Sinnenwelt und Ideenwelt klarlegen *(Apelt).*

Staffelung der Erkenntnisgrade

Nóesis (νόησις)	Philosoph-Dialektiker	geistiger Charakter	Ideen	Original
Diánoia (διάνοια)	Einzelwissenschaftler, bes. Mathematiker	geistiger Charakter	Begriffe des einzelwissenschaftlichen Denkens	Abbild
Aísthesis (αἴσθησις)	Sensualist	sinnlicher Charakter	Dinge	Original
Bildliche Erkenntnis (εἰκασία)	Sensualist	sinnlicher Charakter	Kopien	Abbild

Im Staat (534 A) wird von Platon in bezug auf die Erkenntnis von Sein und Werden folgende Abstufung vorgelegt:

Epistéme – Diánoia (mathem. Verstandserkenntnis) – Pístis (Glaube auf Grund der Sinneserkenntnis) – Eikasía; die beiden ersten Kräfte werden unter dem Begriff Nóesis zusammengefaßt, die beiden letzten als Dóxa (δόξα). Der Dóxa ist das **Werden** zugeordnet, der Nóesis das **Sein** (Usía).

155. **Der Eros.** Im *Symposion* und im *Phaidros* wird der Eros als eine aufrüttelnde, hinreißende Kraft geschildert, die über das Erlebnis des Schönen den Weg zu den Ideen weist. Auch er ist ein Mittler, ein Vermittler zwischen den beiden Welten, ein ewiges Streben, geboren aus dem Jagen nach dem Schönen. Wie der Eros den von der Glut des wahren Weisheitsstrebens erfüllten Schönheitssucher von Stufe zu Stufe emporreißt, vom Betrachten des einzelnen schönen Körpers zu der Sehnsucht nach der Idee des Schönen, schildert Diotima im *c. 29* des *Symposions* (meine Übersetzung im Goldmann-Verlag, Gelbe Reihe Nr. 560):

„Wer also bis hierher in der Liebeskunst erzogen und unterrichtet wurde, indem er in stufenweisem Aufstieg und in schöner Ordnung das Schöne schaut, der wird plötzlich, auf der Stufe der Vollkommenheit der Eroserkenntnis angelangt, etwas Schönes von wunderbarer Natur überschauen – und das ist jenes kostbare Gut, mein lieber Sokrates, um dessentwillen alle früheren Mühen aufgewandt wurden –:

Zuerst ist es ein ewig Seiendes und Unveränderliches, das weder wächst noch hinscheidet, dann aber etwas, was nicht in dieser Hinsicht schön, in der anderen häßlich ist, nicht mit dem einen verglichen schön, mit dem andern aber häßlich, noch da schön, da aber häßlich, als sei es nur für den einen schön, für den andern häßlich:

auch wird ihm das Schöne nicht als Einzelschönes erscheinen, wie ein Gesicht oder wie Hände oder wie sonst ein Teil des Körpers, noch auch wie eine Rede oder wie irgendeine Erkenntnis, noch auch etwas, was an einem andern Einzelschönen haftet, sei es an der Erde oder im Himmel oder an einem andern Körper; sondern er wird das Schöne selbst schauen als etwas, was rein und absolut in sich selbst ruht, für sich existiert und ewig sich selbst gleich ist, während alles andere sichtbare Schöne an dieser Idee des Schönen Anteil hat dergestalt, daß, während alle andern (diesseitig sichtbaren) Dinge entstehen und vergehen, es selbst dadurch weder zu- noch abnimmt, noch irgendeine Veränderung erleidet ... bis er schließlich das Schöne an sich erkennt (die Idee des Schönen). Auf dieser Höhe des Lebens, mein lieber Sokrates, sprach die Fremde aus Mantineia, wenn irgendwo, ist das Leben des Menschen lebenswert, wenn es nämlich in die Betrachtung des Absolut-Schönen versunken ist ... Glaubst du, sagte sie, daß das Leben eines Menschen gering und niedrig werden könnte, wenn es dorthin schaut und immer jenes vor Augen hat und immer sich des Zusammenseins mit ihm freut? Oder begreifst du nicht, daß es ihm, sagte sie, nur hier allein vergönnt sein wird, wenn er das Schöne sieht mit den geistigen Augen, mit denen es allein wahrhaft sichtbar ist, nicht Schattenbilder der Tugend zu erzeugen — denn nicht ein Schattenbild hält er in seinen Armen —, sondern die wahrhafte Idee der Tugend".

156. Wie die Philosophia (Liebe zur Weisheit) die Brücke bildet zwischen Nichtwissen und Wissen, zwischen dem Menschlichen und Göttlichen, so auch der Eros. Wie er nicht als ein kühles, theoretisches Streben gedacht wird, sondern ein zum Ziel führendes körperliches und geistiges Liebesverlangen, das lehrt uns wieder die Rede der Diotima *(c. 26 ff., 216 ff.).* Da wird der Eros, das Immer-ans-Ziel-Wollen, aus dem Genußverlangen entrückt in jene Sphäre, wo Lehrer und Schüler in gemeinsamem Streben nach Vollkommenheit, sich liebend fördernd, den Eros zum wirklichen Blühen und Tragen bringen, als wahre Erotiker im Streben nach der Erkenntnis der höchsten Ideen. Von Stufe zu Stufe steigend, erreichen dann die wahren Erotiker jene Höhe, die oben in dem Diotimazitat c. 29 erklommen wird, von der man das wahre Schöne erschaut und an ihm teilhat.

157. **Die Idee des Guten.** Auf der höchsten Stufe steht die Idee des Guten; die klarste Formulierung bietet Platon im *Staat (505 A VI c. 16): Sokrates sagt zu dem kritischen Adeimantos: Das hast du doch oft gehört: Die Idee des Guten stellt die höchste Stufe des Wissens dar, sie, die durch ihre Mitwirkung gerechte Handlungen und die andern Handlungen dieser Art erst heilsam und nützlich macht.* Sie ist die strahlende Sonne unter den Ideen, welche nur die reinen Noetiker erschauen können, wie Platon zu Anfang des 7. Buches der Politeia ausführt. Während es von der Idee des Schönen Abbilder (Eidola) auf der Erde gibt, existieren von der Idee des Guten keine solchen. Während die andern Ideen nur Musterbilder sind (Paradeigmata), nach denen man schafft, ist die Idee des Guten die schöp-

ferische Kraft, die urschöpferische Macht, sie ist die Gottheit, die an Würde und Kraft noch über das Sein hinausragt, sie ist die „causa effectiva" überhaupt" *(Staat 509 B VI, c 19)*; vgl. dazu *517 C: zuletzt und schwer erkennbar, selbst für den Noetiker, offenbart sich die Idee des Agathon, die Urheberin alles Rechten und Guten; als Herrscherin waltend, hilft sie uns zu Wahrheit und Vernunft, so daß diese Idee erkannt haben muß, wer in persönlichen und Staatsangelegenheiten einsichtig handeln will.* Gerade hier geht Platon wie meist induktorisch vor: Vielheit der Einzeldinge – Einheit der Idee – Idee des Guten – Gott als Idee des Agathon, das Ende dieser Reihe *(Apelt, Staat 503)*.

Gott ist der Urbildner der Ideen, das Gute an sich, er spendet die wahre Noesis, er ist das Maß der Dinge, der Lenker des Schicksals *(Leges 716 C)*. Zusammen mit der Idee des Guten hebt Platon das Wahre und Schöne als eine Dreiheit aus der Welt der Ideen heraus. In der Spätantike verglich man diese Dreiheit mit der Trinitätslehre der Kirche.

158. **Platons Seelenlehre**. Wie der Eros ist auch die Seele Mittlerin zwischen beiden Welten, zwischen Sein und Werden (Eidos und Eidolon), sie gewährleistet die „Teilhabe" (Methexis). Die Seele hat keine Wahl, ob sie dem Sinnlichen oder dem Geistigen verschrieben ist, sie ist dem Körper verbunden. aber auch von diesem ihrem Kerker lösbar; sie ist die Bürgerin zweier Welten, der irdischen und der himmlischen *(Hoffmann)*. Dieser Mittlerrolle entsprechen auch die drei Seelenteile[1], die zugleich parallel zu den drei Erkenntnisstufen (Nóesis, Dóxa, Aísthēsis) ihre Funktion ausüben: den ersten Rang beansprucht das Logistikon, das vernünftige Denken. das als Steuermann der Seelenteile und Ordner gedacht wird *(Staat 439 D)*, der Vermittler der Noesis. Als unterste Stufe wird das Epithymetikon eingesetzt, der begehrende Teil der Seele, der dem Körper als Werkzeug zugeordnet ist *(Staat 580 C ff.)*; wenn sie diesen falsch gebraucht, bekommen die Lüste (Hedonḗ = ἡδονή) die Oberhand. Eine Mittlerrolle wird dem Mut, dem Thymós (θυμός), dem Thymoeides (θυμοειδές = Beherztheit) zugewiesen; das ist der Mut zur Entscheidung für den Weg nach unten, den Weg der Begierden, oder für den Weg zur wahren und reinen Erkenntnis *(Staat 410 B; 471 A; 580 ff.)*. Der Thymos (lat. fumus, also das, was in uns dampft[2]) ist eine impulsive Willensrichtung, ein Streben, das der Lenkung durch die Phronesis bedarf, um das rechte Ziel klar anzusteuern. Da liegt die eigentliche Entdeckung Platons: *es gibt ein irrationales Element im Menschen, das der ratio zugänglich ist und dann unentbehrlich wird (Schwartz 93)*. Über das Verhältnis der drei Kräfte unterrichtet uns das schöne Bild im *Phaidros 246 A ff., c 25:* Das Logistikon ist der Wagenlenker mit den beiden Rossen, dem edlen Thymos und dem zügellosen Epithymētikon.

---

[1] Vgl. Platonausgabe A p 9.
[2] Vgl. meinen Artikel *Etymologie* im Herderschen Pädagog. Lexikon II 1954.

Das edle Roß ist willig und stürmt den Weg in die Höhe, bestrebt, die Seele ins Reich der Ideen zu führen; das andere aber reißt den Wagen zur Erde hinab; so gelangen die meisten Menschen nicht zu ihrem eigentlichen Ziel, dem wahren Wissen (Epistéme); sie kommen nicht über den Bereich der Sinnenwelt hinaus.

159. Die Seele ist parallel zur Weltseele, dem Urquell des Lebens und alles Guten im Kosmos, das Sich-selbst-Bewegende; sie ist das Prinzip des Lebens, der Lebenskraft, sie ist einfach im Gegensatz zu aller materiellen Zusammensetzung. Auf diesen beiden Eigenschaften baut sich der Beweis der Unsterblichkeit der Seele im Phaidon auf, besonders auf der Einfachheit *(c. 25–34)*. Sie hat schon existiert, bevor sie mit dem Körper eine Verbindung einging, und hat die ewigen Dinge, die Ideen, in der anderen, geistigen Welt geschaut. Ehe die Seele Menschengestalt annahm, hatte sie ein rein geistiges Dasein. Diese Präexistenz der Seele wird im *Phaidon (c. 19–22)* dargelegt. So hat sie auch die Idee der Gleichheit *(Phaidon c. 19 ff.)* in der reinen Welt der Ideen geschaut und „schöpfend aus sich selbst" *(Menon)* wendet sie diesen Begriff an, wenn sie auf annähernd gleiche Dinge stößt. So regen die Einzeldinge die Seele an, die Kenntnis der Ideen, die sie einmal in der andern Welt geschaut hat, wieder aufleben zu lassen; genau so ist es mit den Reflexions-Begriffen und ethischen Begriffen.

160. Lernen ist Wiedererinnerung. Auf dieser Grundlage kommt Sokrates im *Phaidon (72 E, c. 18)* zu dem berühmten Satz: Alles Lernen ist Wiedererinnerung, besonders wenn wir die notwendigen und allgemeinen Wahrheiten aufzufinden uns bemühen. Hören wir die Hauptstelle im *Menon* aus dem Munde des Sokrates *(c. 15): Da also die Seele unsterblich und oft wiedererstanden ist und, was hier auf Erden und was im Hades ist, kurz alle Dinge geschaut hat, gibt es nichts, was ihr unbekannt wäre. Mithin ist es kein Wunder, wenn sie imstande ist, auch hinsichtlich der Tugend und anderer Dinge sich wiederzuerinnern an das, was sie ehedem ja doch wußte; denn da die ganze Natur in innigem Zusammenhang steht und die Seele mit allem bekanntgeworden ist, so hindert nichts, daß man, wenn man sich nur an eines wiedererinnert – was die Leute dann Lernen nennen auch alles andere wieder auffindet, wenn man nur den Mut nicht verliert und die Mühe des Forschens nicht scheut: denn das Suchen und Lernen ist eben durchweg Wiedererinnerung (Apelt p. 39)*. Je mehr sich die Seele von der Außenwelt distanziert, um so leichter ist das *Nachspüren bei sich selbst (Menon,* vgl. § 111–112). Die in das Schauen versunkene Seele erinnert sich wieder an das, was sie einst vor ihrer Körpergebundenheit dort oben geschaut hat, wo sie *als Reigengenossin eines Gottes durch den Himmel zog (Metzke)*. Und damit hat Platon einen philosophischen Fundamentalsatz aufgestellt, der Geltung hat: Die Urteile apriori (vgl. § 113) schöpfen wir aus unserm eigenen Geiste. Im *„Menon"* wird auch das mathematische Wissen auf diese Wurzel zurückgeführt.

161. **Die Mathematik.** Immer mehr werden von den Fachmathematikern die Verdienste Platons um die Mathematik anerkannt, der über den Eingang der Akademie die Worte einschreiben ließ: *Keiner soll eintreten, der sich in der Geometrie nicht auskennt!* Er stellt das mathematische Denken in die Mitte zwischen der sinnlichen Wahrnehmung und dem vernunftgemäßen Denken, also: Sinnenerkenntnis – mathematische Erkenntnis – noetische Erkenntnis. *Die Mathematik kann die Realität ihrer Begriffe im Gebiet des Sichtbaren, in der Anschauung dartun; sie kann Axiome auf Grund der Anschauung aufstellen (Apelt).* Die geometrischen Zeichnungen (vgl. § 115 ff.) sind die Mittler zwischen der Erscheinung und der Idee. Theoretisch ist wichtig, daß Platon zwischen dem analytischen und synthetischen Beweisverfahren scharf unterschieden hat.

162. **Die Begründung der Ethik.** Durch die ganze Ideenlehre geht ein ethischer Grundzug: Die Idee des Guten steht an Rang weit über den andern Ideen, sie ist die Gottheit selbst. Entsprechend den Grundkräften der Seele setzt Platon 3 Kardinaltugenden an: 1. Einsicht (Phrónēsis[1]) oder manchmal auch Weisheit (Sophía) genannt, 2. Mannesbewährung im Staat und im Kriege (Andreia), 3. Besonnenheit und Selbstbeherrschung (Sophrosyne). Die Besonnenheit, über deren Eigenart und Wesen der Dialog *Charmides* handelt, geht in erster Linie auf die Weisheit zurück. Nach Xenophon trennte Sokrates die beiden Tugenden gar nicht *(Memorab. III 9, 4).* Die Besonnenheit macht den Menschen zum Herrn über sich selbst *(Staat 442 D, IV c 16).* Der Tapferkeit wird der Dialog *Laches* gewidmet; an ihr zeigt Sokrates das Verhältnis von Wissen und Wollen, von Denken und Handeln. Ordnend und die Harmonie der Seele gewährleistend, alle 3 Kardinaltugenden überragend und zusammenfassend, nimmt die Gerechtigkeit (Dikaiosýnē) eine überdachende und führende Stellung ein: Wie die Besonnenheit unser Seelenleben nach innen ordnet und gestaltet, so ist sie die Grundlage für das Zusammenleben im Staat. Nur die Idee des Guten steht noch über der Idee der Gerechtigkeit.

163. Tugend ist Wissen des Schönen und Guten zum Unterschied vom bloßen Fachwissen: das ist die Lehre, die man als eigentliches Lebenswerk des Sokrates bezeichnen kann. Sie wird von ihm im *Protagoras* mit Leidenschaft und Verbissenheit verteidigt, besonders gegen den

---

[1] Die Phronesis ist schon eine wichtige Arete im Rahmen des Adelsideales; sie ist „etwas Urhellenisches" *(Schwartz 57 ff).* Sie ist die Grundlage für das Ideal, ein guter und gerechter Mann zu werden. Bei Pindar liegt die Anlage dazu im Blute, die alles umfaßt, um aus dem jungen Adeligen mit seinem heißen Blut einen Mann mit Kalokagathia zu machen. Bei Platon beruht sie auf der Episteme, so daß ein jeder sie besitzen kann (ethischer Intellektualismus), nicht nur der Adelige. Vieles, was die Sophrosyne umfaßt, liegt schon in der Phronesis. Aristoteles unterscheidet dann klar zwischen Phronesis und der rein theoretischen Klugheit. Sophia bezeichnet mehr das höchste intellektuelle Können. Phronesis ist ein ethischer Begriff: die tiefe Einsicht des wahren Philosophen.

Einwand *(352 D, c, 35):* Viele besitzen zwar die Erkenntnis dessen, was für sie das Beste ist, aber sie entscheiden für ihr Tun anders, weil die Lustgier oft über den Menschen herrscht, auch wenn er das Bessere weiß. Diese Lehre steht im Gegensatz zu den Tatsachen, und es nützt dem Sokrates nichts, daß er die Ansicht von dem Zwiespalt zwischen Wissen und Handeln durch eine gewagte Argumentation zurückweist *(Apelt):* Das Besiegtwerden durch die Lust ist trotz des vorhandenen Wissens Unwissenheit. Platon setzt neben der Episteme (das sichere Wissen des Weisen) die wahre Meinung an, ein Wissen niederen Grades: nur diese unterliegt der Unwissenheit. Bei der wahren Episteme ist Wissen und Handeln ein geschlossener Ring, in den weder die Lypē (Unlust, Trauer und Schmerz) noch die Hedonē (Lust) einbrechen kann. Das wird im *Laches* an der Tugend der Tapferkeit mit Nachdruck klar gemacht.

164. **Das Lustgefühl** (Hedonē) wird als das gerade Gegenteil der Phronesis in allen Dialogen scharf abgelehnt. Wenn der Mensch von den Lüsten beherrscht wird, nennt man das Zügellosigkeit *(Phaidon 69 A, c. (14);* derselbe Zustand heißt im „Staat" Anarchie *(Staat 405 A, IV 13).* Die Lustgefühle, meist mit Unlust vermischt, wachsen aus den Täuschungen und Irrungen heraus; die echten Zeugen der Lüste sind die Tiere. Ganz anders steht es mit den reinen Lustgefühlen, welche aus dem Eros zum Schönen und aus der reinen Episteme hervorquellen. Sie sind scharf von den schlechten Lüsten *(Staat 506 C, VI c. 17)* zu trennen. Im *Philebos,* einer Seminarstunde der Akademie, wie *Schwartz* sagt *(99),* setzt sich der alte Meister mit der Lustlehre seines Schülers Eudoxos von Knidos (vgl. § 174) auseinander, der lehrte, daß die Hedone ein Agathon sei und die Unlust ein Kakon (etwas Schlechtes). In einem philosophischen Lehrdialog wird die Frage erörtert, ob die Phronesis oder der Nus (Vernunft) das wahre Agathon sei oder die Hedone; es wird dem Diskutierenden die Entscheidung überlassen, ob er sich für die Hedone oder für die Phronesis entscheidet. Wir werden sehen, daß Aristoteles hier bei seinen Diskussionen über die wahre Eudaimonia eine klare Stellung bezieht. Schon im *Staat* unterscheidet Platon die Sinnenlust scharf von der geistigen Hedone der Seele *(561 C ff.; 584 A 55).* Hier werden drei Arten der Hedone herausgearbeitet *(581 D ff.): Mithin unterscheiden wir unter den Menschen diese drei Hauptklassen: die weisheitsliebenden, die siegliebenden und die gewinngierigen; mithin auch drei Arten von Lust, so daß jeder der drei Klassen je eine entspricht.* Ganz entsprechend sondert Aristoteles seine Typen der drei Lebenseinstellungen: Forschertyp, politischer Typ und Genießertyp *(Nikom. Ethik 1095 c, 17 ff.).* Der wahre Ethiker verachtet die Lust und besitzt das rechte Maß als Grundbedingung der Sittlichkeit *(Staat 410 E ff.).*

C. DAS PLATONISCHE STAATSIDEAL

165. In einem der berühmtesten Briefe schildert uns Platon, wie er, der von früher Jugend an für die Politik ein leidenschaftliches Interesse hegte, von dem Terror der Oligarchen angewidert, erleben mußte, wie die Demokratie seinen Lehrer zum Tode verurteilte: *Als ich das beobachtete, schien es mir, je reifer ich wurde, um so schwieriger, die staatlichen Angelegenheiten richtig zu verwalten.* So kommt er zur Überzeugung, daß nur philosophisch tief gebildete Männer diese Aufgabe meistern können *(Staat 324 C bis 325 E, vgl. meine Platonausgabe, Einl. 5 ff.);* man vergleiche auch das harte Urteil im *Gorgias* über die athenische Demokratie und die Staatsmänner. Besonders im *Kap. 74* wettert Sokrates gegen die Staatsmänner, *von denen man sagt, sie hätten den Staat groß gemacht, während dieser gerade durch die Schuld jener Staatsmänner krankhaft aufgedunsen und vereitert ist (518 E).* Aber eine Lösung findet er nicht: Er ist zwar der einzige Staatsmann, aber er und seine Anhänger verzichten auf die Beteiligung am politischen Leben *(521 D ff.).* Immer wieder greift Platon in seinen Dialogen die Themen „beste Staatsform", „der beste Staatsmann", „die beste Grundlage des idealen Staates" auf. Nach vielen Vorarbeiten und einer umfassenden Materialsammlung schrieb er dann als reife Frucht eingehender Studien seinen *Staat* (Politeia), ein Werk, mit dem sich von der Antike bis auf den heutigen Tag die Politiker und Philosophen auseinandergesetzt haben. Hier legt Platon seine politisch-sozialen Reformideen vor.

166. In *369 C ff., II c. 11 ff.* des Werkes wird die Entstehung dieses Vernunftstaates aus der wirtschaftlichen Notwendigkeit hergeleitet. Die Gründer, geleitet von einem vernünftigen Trieb, verfügen von vornherein über erstaunlich viel Friedfertigkeit und Bürgersinn; störende Leidenschaften, wie Habgier, Egoismus, Herrschsucht, werden ausgeschaltet. Die Familie als Grundstufe wird nicht angesetzt. Wie dann die sich entwickelnde Technik die Arbeitsteilung zur Folge hat, wie der Handel die erzeugten Waren verteilt, wie das Geld den Tauschhandel verdrängt, wie sich die Klassen der Krieger, der Handwerker, der Händler und der Regierenden allmählich als sozial-politische Notwendigkeit formen, wird in den folgenden Kapiteln von einem Mann entwickelt, der kein politischer Wahrsager ist. Die Grundlage des hellenischen Idealstaates ist die Gerechtigkeit; durch diese wird die höchste Glückseligkeit des durch die Philosophen regierten Staates gewährleistet.

167. Der Staat[1], der die innere Harmonie aller Teile gewährleisten soll, ist in seinem inneren Aufbau dem Menschen zu vergleichen: er ist ein

[1] Platon hat als Rahmen für die Darstellung seiner Ethik einen idealen Staat geschaffen. Dabei knüpfte er an die griechische Auffassung vom Staat in der guten alten Zeit an. Hier war im Gegensatz zu unserer Auffassung des Staates die Priorität der Staatsgewalt gegenüber den Rechten des

Abbild der Seele. Den drei Seelenkräften entsprechen die d r e i m a ß - g e b e n d e n S t ä n d e , die durch Erziehung (Paideia) entstehen *(Staat, Buch IV):* a) Der N ä h r s t a n d entspricht dem Epithymetikón; in ihm sind die Bauern, Handwerker, Kaufleute zusammengefaßt auf der Grundlage weitgehender Arbeitsteilung. Nur dieser Stand hat Privateigentum und Familie. Wer begabt ist, kann in die oberen Stände aufsteigen.

b) Dem Thymoeidés entsprechen die H ü t e r oder H e l f e r ; sie sichern nach außen den Bestand des Staates und im Innern die Durchführung der Gesetze. Sie werden besonders ausgewählt und im Waffenhandwerk und den Wissenschaften erzogen; sie bilden eine große Familie und haben Frauen und Kinder gemeinsam; damit sie sich ganz dem Staate widmen können, müssen sie auf Familie und Privateigentum verzichten. Die Frauen haben dieselbe Erziehung wie die Männer und werden auch als Wächter eingesetzt *(Staat 455 E ff.).* Wenn sich einer nicht bewährt, wird er in den Nährstand versetzt. Nach dem 30. Lebensjahr erfolgt eine Auswahl: die fähigsten Wächter werden als „v o l l k o m m e n e W ä c h t e r" ausgeschieden und bekommen eine philosophische Spezialausbildung. Nach dem 50. Jahre dürfen die besten sich dem Studium des Guten und Gerechten hingeben und in die höchste Klasse aufsteigen, in

c) Die dem Logistikón entsprechende Klasse der P h i l o s o p h e n o d e r R e g i e r e n d e n (Archontes). Diese verfügen über die w a h r e E p i s t e m e des Philosophen und machen keine Fehler; sie sind für die Gesetzgebung allein verantwortlich; durchs Los ausgewählt, bekleiden sie die höchsten Verwaltungsämter, immer versunken in das Streben nach dem Wissen von der Idee des Guten und Gerechten. Der Grundsatz: *nicht darauf kommt es an, daß ein Stand glücklich ist, sondern der ganze Staat soll es sein (Staat 420 C),* wird noch schärfer von Sokrates im 7. Buch betont *(519 D/E): Unser Staatsgesetz zielt nicht darauf ab, daß es einer Klasse gut geht, sondern dieses Wohlergehen soll dem Ganzen, dem K o i n o n , zugute kommen.* Genau so betont Perikles das Wohl des Koinon in seiner letzten Rede *(Thukydides II 60,2): Nach meiner festen Überzeugung ist das allgemeine Wohlergehen des Staates für den einzelnen ersprießlicher, als wenn es den einzelnen Bürgern gut geht, der Staat aber in seiner Gesamtheit erschüttert ist.*

168. Der B e s t a n d dieses Idealstaates fällt und steht mit der E r z i e h u n g , die vor allem die Wächter und Herrscher erfaßt; aber auch der Nährstand genießt eine einfache, musisch-gymnastische Ausbildung. Um für die zwei höheren Stände einen körperlich und geistig hervorragenden Nachwuchs zu gewährleisten, scheut sich Platon nicht, tiefe Eingriffe in das Privatleben anzuordnen: Die „Wächter", grundsätzlich zur Enthaltsamkeit verpflichtet, dürfen nur zu bestimmten Zeiten nach der

---

E i n z e l n e n ganz scharf durchgeführt. Das Leben und das Denken jedes Bürgers war durch Gesetze und Brauchtum genau festgelegt. Der Staat stand wie ein gewaltiger Herrscher über dem Leben des einzelnen Bürgers.

Anordnung der Herrschenden mit ausgewählten Frauen verkehren *(Staat 459 E ff.)*; die Kinder werden nicht von den eigenen Müttern ernährt. Die Familie ist ohne Einfluß auf die Erziehung. Nach dem dritten Jahre setzt die vom Staat geleitete körperliche und geistige Erziehung ein; im begeisterungsfähigen Alter (14–16) werden Musik und Dichtkunst gelehrt; dann die realen Wissenschaften: besonders Mathematik. Nach einer weiteren Ausbildung (18–20) setzt die erste Auslese ein: die wissenschaftlich weniger Begabten werden dem Kriegerstande zugewiesen; bei der zweiten Auslese scheiden die Anwärter auf die praktische Verwaltungslaufbahn aus; weitere 5 Jahre widmen dann die besonders Begabten dem Studium der Dialektik und der Ideen, um dann nach 15 Jahren der Bewährung im 50. Jahre unter die Herrscher und Philosophen aufgenommen zu werden.

169. Eingehend ist die Kritik der geschichtlich in Erscheinung getretenen Staatsformen *(Buch VII, 551 D 55)*, wobei Plato auch den Staat des Perikles scharf angreift. Im fünften Buch erörtert der Philosoph, ob dieser Idealstaat Wirklichkeit werden könne und glaubt, er könne in Erscheinung treten, wenn das Volk auf Grund der neuen Erziehung mit einem völlig neuen sittlichen Geist erfüllt sei. Die Heranbildung der herrschenden Philosophen soll die Akademie sichern; sie sollen den wahren Eros im Herzen tragen, die wahre Episteme und Arete soll ihnen ein wirklicher Besitz geworden sein; sie sollen, auch in praktischen Dingen nicht unerfahren, die Fähigkeit und den Willen haben, die Bürger zum Guten zu geleiten. Hören wir abschließend die berühmten Worte des Philosophen selbst *(V 473 D, c. 18): Wenn nicht entweder die Philosophen Könige werden in den Staaten oder die jetzt sogenannten Könige und Gewalthaber sich aufrichtig und gründlich mit Philosophie befassen und dies beides in eins zusammenfällt, politische Macht und Philosophie, gibt es, mein Glaukon, kein Ende des Unheils für die Staaten, ja, wenn ich recht sehe, auch nicht für das Menschengeschlecht überhaupt ...*

170. Wie wir aus dem berühmten siebten Brief entnehmen können, war diese Ansicht schon vor der ersten Reise nach Sizilien festgelegt. Nach der Katastrophe der athenischen Politik und nach seinem Fiasko in Sizilien mußte Platon immer mehr an der Möglichkeit verzweifeln, daß seine Theorien sich verwirklichen ließen. Er hatte zudem am Hofe Dionys II. die einzige hellenische Großmacht kennengelernt, und er überlegte, ob man auch über einen Staatsmann diskutieren könne, der ohne geschriebene Gesetze herrsche und allein seinem Gewissen verpflichtet sei. Kann es einen solchen *königlichen Mann* geben? Diese und andere Möglichkeiten gingen ihm durch den Kopf, als er daranging, seine früheren extremen Ansichten zu revidieren und eine neue Form des Staates zu schaffen, welcher sich der Wirklichkeit näherte. Das sollte eine eng verbundene Gemeinsamkeit werden auf einer neuen ethischen Grundlage; in dieser Gemeinschaft sollte die Philia (Freundschaft) einen hohen Rang bekommen. Diese Macht der Philia hatte sich beim Zusammenbruch

der alten Staaten bewährt; er selbst hatte sie ja zur Grundlage des Thiasos (Verein mit einem Kultzentrum) der Akademie gemacht. *(Schwartz 120 ff.)*. Xenophon hatte auf der Freundschaft mit Kyros, Agesilaos und Sokrates sein Lebenswerk aufgebaut. So sammelte er weiter eine riesige Fülle von Material und versuchte in seinen „Gesetzen" (Nómoi – leges) der Wirklichkeit mehr Rechnung zu tragen, indem er die Grundzüge des zweitbesten Staates umriß: Im Innern Kretas, dessen Verfassung er im *achten Buch (Staat 544 ff.)* gerühmt hatte, wird dieser Agrarstaat lokalisiert. Statt der Philosophen regiert hier entsprechend dem Gemeinschaftsgedanken ein Verein der Einsichtigen auf Grund von geschriebenen Gesetzen; anstelle der Dialektik als der wissenschaftlichen Erkenntnis der Ideen tritt ein mathematisch-musischer Ausbildungskurs und eine Art Staatsreligion. Allen Ständen sind Privateigentum und Familie gestattet, allerdings unter strenger Überwachung durch den Staat. Aller Grundbesitz ist in Lose eingeteilt (Sparta!). Die Regierenden müssen sich genau an die Gesetze halten, die immer wieder durch ein Kollegium (Gesetzeswächter, Priester, Erzieher, Staatsphilosophen) zu überprüfen und fortzuentwickeln sind. Die scharfen Trennungswände zwischen den Ständen fallen; die Demokratisierung wird soweit durchgeführt, daß eine wirtschaftliche Gemeinschaft aller freien Bürger durchgeführt wird (im Gegensatz zum Kommunismus im *„Staat"*); jeder Bürger bebaut sein Ackerlos; aber er soll sich selbst und sein Vermögen als Gemeingut des ganzen Staates ansehen. Für ein gemeinsames Besitzen und Bebauen des Bodens, für eine Gemeinschaft der Frauen und Kinder und aller Habe müßte man ganz ideal gesinnte „Götter und Göttersöhne" voraussetzen, wie in den *„Gesetzen" V 739 C, c. 10* ausgeführt wird. In der Ethik wird an die Stelle der Weisheit (Sophia) die Einsicht (Phronesis) gesetzt, die der Sophrosyne sehr nahe kommt; die Tapferkeit tritt in den Hintergrund.

171. **Der Kosmos.** Über Platons Ansicht von dem Weltgebäude und seinen Teilen unterrichten die Dialoge *„Philebos"* und *„Timaios"*. In der mythischen Kosmogonie des Timaios führt er den weltbildenden Gott (den „idealen Baumeister") ein; dieser ist gut und schafft um seiner Güte willen den Kosmos; ein Maßstab ist die vollendete Schönheit. Als zwecktätige Kraft schafft er die Welt im Hinblick auf die Ideen. Diese nimmt er zum Vorbild: *Daher ist die Welt das Beste und Schönste von allem, was geworden ist, und der Baumeister ist der beste und vollkommenste von allen Urhebern (Timaios 29 A, c. 5/6).* Der Kosmos, diese vollkommene Schöpfung des „idealen Baumeisters", besitzt auch Vernunft und Seele; so schuf Gott als erstes die Weltseele als Lebensprinzip des Alls. Die Welt ist eine vollkommene Kugel, die Erde ruht als Vollkugel in der Mitte des Weltalls, um dessen diamantene Achse sich an der äußersten Peripherie der Fixsternhimmel dreht; dazwischen bewegen sich konzentrisch die Sphären der 5 Planeten, der Sonne und des Mondes.

172. Die Kernlehre des platonischen Lehrgebäudes, der metaphysische Idealismus, der die Ideenlehre und Seelenlehre kennzeichnet, hat in der Geschichte der Philosophie eine nachhaltige Wirkung. Gegenüber dem Materialismus Demokrits, der die Seele aus den beweglichsten und feinsten Atomen bestehen läßt, lehrt Platon, daß die Seele zwar im Körper wohnt, aber nichts Körperliches ist, sondern das sich selbst Bewegende, ohne Anfang und ohne Ende, das vom Körper sich fortsehnt nach dem Ursprungsort, dem Reich der ewigen Ideen. Aristoteles kommt zum Schluß: Die Seele führt kein Sonderdasein, sondern kann nur zusammen mit dem Stofflichen existieren als immanente Kraft im Stoff, die bewirkt, daß der Stoff die zweckmäßige Form annimmt; sie ist also im Gegensatz zu der sich selbst bewegenden Seele Platons unbeweglich. Beide Lehren bezeichnet man als Idealismus im Gegensatz zum Materialismus Demokrits. So wie die Fronten von den drei großen Philosophen der Antike bezogen worden sind, sind sie auch heute noch umkämpft: Materialismus, reiner Idealismus und der spezielle Idealismus des Aristoteles: Die Seele als immanente Ursache.

DIE ÄLTERE AKADEMIE (347–268)

173. Die von Platon gegründete Akademie als Organisation der wissenschaftlichen Arbeit blieb auch nach Platons Tod bestehen und hatte eine Lebensdauer von fast einem Jahrtausend; der Betrieb der ethisch-historischen und medizinisch-naturwissenschaftlichen Studien war genau nach Platons Anweisung geregelt. Die Lehre erfuhr manche Umbildung; so unterscheidet man für die vorchristlichen Nachfolger Platons die ältere, mittlere und neuere Akademie. Die ältere Schule wies große Mathematiker und Astronomen unter ihren führenden Köpfen auf. Der direkte Nachfolger Platons, sein Schwestersohn *Speusippos*, hob gegenüber seinem Lehrer das erfahrungsmäßige Wissen in seiner Bedeutung für die Wissensformung des Menschen besonders hervor. In Anlehnung an die Pythagoreer setzte er anstelle der Ideen als Vertreter der mathematisch-metaphysischen Spekulation die Zahlen; diese sind getrennt von den Dingen und unabhängig von der Sinnenwelt. Ihnen spricht er eine Realität in höherem Maße zu; das Eins und die Vielheit sind die Urgründe alles Seins. Der Nachfolger des Speusippos, *Xenokrates* aus Chalkedon, lehnte Änderungen an dem Lehrgebäude seines Meisters ab und suchte ihm eine festgeschlossene Stabilität zu verleihen. Der mathematisch begabteste Kopf war *Herakleides* aus dem pontischen Herakleia, ein Meister des platonischen Dialoges; unter a. lehrte er, daß die Erde sich täglich um ihre Achse drehe, daß die Fixsterne unbewegt seien und daß sich die Planeten Hermes und Aphrodite kreisförmig als Trabanten um die Sonne bewegen; er hat auch eine Bewegung

der Erde um die Sonne für möglich erklärt. Er stellte in seinen romanartigen Dialogen ganz im Sinne der Pythagoreer die Himmel- und Höllenfahrt der Seele dar.

174. Sehr selbständig lehrte **Eudoxos** von Knidos. Als kühler Realist stellte er in seiner neuen Lustlehre (Lehre von der Hedonê) eine Theorie des Guten (Agathon) auf. Dieses muß zwei Eigenschaften haben: einmal muß es von andern Werten unabhängig sein, vor allem darf es kein Mittel sein, mit dem man einen höheren Wert erreichen kann. Dieses „Gute" muß vor allem evident sein. Unter diesen Gesichtspunkten besteht das wahre Agathon, der höchste Wert, im **Lustgefühl**; das Gegenteil, das Niederste für den Menschen, das Schlechte (Kakon), der Unwert schlechthin, besteht im Unlustgefühl. Nach dem Lustgefühl streben alle vernünftigen und unvernünftigen Wesen als dem höchsten Wert. Diese Lehre war für die Entwickelung der griechischen Ethik in der Folgezeit von grundlegender Bedeutung. *Die Norm des Lebens war nun losgelöst von jeder staatlichen Gemeinschaft; sie war in den einzelnen Menschen selbst hineinverlegt. Die Arete war nicht mehr das Werturteil der Gemeinschaft, sondern ein Verhalten und eine Eigenschaft der Seele (Schwartz 98).* Das war ein ganz neues Ziel der Eudaimonia (wahres Glück)! Der alte Platon hat diese Lehre in seinem *Philebos* diskutiert (vgl. § 164). Diese neue Interpretation des Agathon und des Zieles der wahren Eudaimonia hat auf die Tugendlehre des Aristoteles einen großen Einfluß ausgeübt (vgl. § 184). Besonders aber Epikur, der die Freiheit vom Schmerz als das Ziel der Eudaimonia ansieht, rechtfertigt später die Lehre des Eudoxos von Knidos (vgl. 216).

175. Größer ist seine Bedeutung als Mediziner und als Begründer der mathematischen Astronomie. Er arbeitete als erster eine mathematische Erklärung der Bewegungen der Planeten aus, angeregt durch Platon, der die Astronomen aufforderte, sie sollten die scheinbaren Bewegungen der Planeten durch gleichmäßige und geregelte erklären. Des Eudoxos Schüler Menaichmos erfand die Lehre von den Kegelschnitten. Der bedeutendste von Platons Schülern, Aristoteles, sagte sich bald von dem „Thiasos"[1] des Meisters los und gründete seine eigene Hochschule, seine eigene Philosophie entwickelnd.

176. Der bedeutendste Vertreter der sogenannten **Neueren Akademie** ist **Karneades** aus Kyrene (224–129 a.), der 155 v. Chr. mit der berühmten Philosophengesandtschaft nach Rom kam und durch seine Vorträge gewaltigen Erfolg erzielte. Er lehnte in scharfem Kampf gegen den Dogmatiker Chrysippos, den Führer der Stoa, jede dogmatische Philosophie grundsätzlich ab und prüfte als Kritiker und Skeptiker die damals vorhandenen philosophischen Systeme. Diese Skepsis beherrschte auch seine Stellung zu der platonischen Philosophie. Er lehrte die absolute Un-

[1] Thiasos = religiöse Bruderschaft mit festem Sitz, eigenen Kultgebräuchen und Kultsatzungen; der Kult dieses religiösen Vereines galt den Musen.

möglichkeit des sicheren Wissens; zweifelnd alles prüfen und abwägen, ist der einzige Weg des Philosophen; über eine, wenn auch hohe Wahrscheinlichkeit des Wissens kommen wir nicht hinaus. Von dieser Wissenswahrscheinlichkeit stellte er drei Grade auf; der Mensch muß sich bemühen, einen möglichst hohen Grad zu erreichen. Vor allem muß man, um der Wahrheit nahe zu kommen, die verschiedensten Gesichtspunkte prüfen; den Römern imponierte das, und sie priesen das „in utramque partem disputare". Cicero schätzte den Skeptiker und Eklektiker Karneades nicht nur als Philosophen, sondern gerade als Anreger der rhetorischen Studien durch das Abwägen der verschiedenen Meinungen.

D. DER PLATONISMUS

177. Platons Lehre wurde durch **Plotinos** (203–269 n. Chr.) unter Berücksichtigung der ganzen antiken Philosophie und Theologie zum **Neuplatonismus** ausgebaut, der besonders auf **Augustinus** und die **christliche Mystik** einwirkte. Diese späte Nachblüte der platonischen Philosophie ist durchaus keine Bearbeitung oder Erneuerung der Lehre des Meisters, sondern Plotin faßte alle damals vorhandenen Philosophiesysteme (ausgenommen das des Epikur) mit der Lehre Platons und mystisch-theologischen Anregungen aus dem Osten unter Anlehnung an die Eleaten zu einem neuen System zusammen, dem letzten Bollwerk der antiken Philosophie. An die Spitze stellte er das Eine oder das Gute; sein Abbild ist der Nus mit seinen Gedanken und Ideen, die zusammen das wahrhaft Seiende bilden; der Welt des Stoffes und den Sinneserscheinungen kommt keine Realität zu. In der Ekstase stößt die Seele alles Körperliche ab *(Gercke)*. Ihre Bestimmung ist es, sich von allem Sinnlichen durch Reinigung (Katharsis) abzukehren und dem Nus zuzuwenden. Seine Gotteslehre ist eine Art Pantheismus (Lehre von Gott im Ganzen, Gott ist das Wesen schlechthin, das Absolutseiende); es ist Aufgabe des Menschen, Gott ähnlich zu werden. Die Seele hat außer dem materiellen Leib noch einen ätherischen Leib, einen unvergänglichen Lichtleib. Justinian löste 529 n. Chr. die Akademie auf. Die letzten Vertreter zerstoben nach dem Osten, von wo die Araber die Lehre zurückbrachten.

178. Im Mittelalter beschäftigte man sich zunächst nur mit der Naturphilosophie, die Platon im *Timaios* vorträgt. Auch in der Entwicklung der Scholastik spielt die Naturphilosophie Platons trotz der Machtstellung des Aristotelismus eine wichtige Rolle. Als dann 1429 der griechische Text aller Werke Platons aus Konstantinopel nach Venedig kam (bis dahin kannte man außer dem *Timaios* nur *Phaidon, Menon und Parmenides)*, übersetzte man diese nunmehr bekannten Schriften ins Lateinische. Mittelpunkt dieser Platonrenaissance war die von den Medici gegrün-

dete (1459) Platonische Akademie in Florenz. Im Rahmen der modernen Forschungen ist dann Platon der große Anreger für die von Husserl begründete Phänomenologie, die Wissenschaft der Phänomene, der Erscheinungen.

V

Aristoteles und die Peripatetiker

179. **Das Leben des Aristoteles.** Aristoteles, Sohn des makedonischen Leibarztes Nikomachos, geboren 384 in Stagira auf der thrakischen Chalkidike, kam 18jährig nach Athen und trat in die platonische Genossenschaft ein. Nach dem Tode Platons begründete er als Gast des Fürsten Hermias von Atarneus in Assos in Troas eine Tochterschule der Akademie; 342 nahm er einen Ruf des Königs Philipp an als Erzieher des 14jährigen Alexander; 334 siedelte er mit seinem Schüler Theophrast nach Athen über und gründete eine eigene Schule im Hain des Apollon Lykeios, das Lykeion. In den schattigen Parkanlagen und Laubengängen (Peripatos) wandelte man in Meditationen; daher wurden seine Schüler die Peripatetiker genannt und die Schule selbst **Peripatos.** Mit reichen Mitteln vom makedonischen Königshause versehen, baute er seine Schule mit einer gewaltigen Bibliothek auf. Nach Alexanders Tod (323) wurde er wegen seiner Beziehungen zu Makedonien, angeblich wegen Gottlosigkeit, angeklagt und floh nach Chalkis auf Euböa, wo er 322 starb. – Der junge Aristoteles führt zunächst das Erbe Platons in achtungsvoller Pietät weiter. Aber bald gerät er auf dem Gebiet der Ethik in Gegensatz zu seinem Meister; das zeigen seine ernsten Angriffe auf den *Philebos* Platons. Er studiert die Lustlehre des Eudoxos von Knidos und anerkennt viele Kernsätze dieser Lehre. Besonders seitdem er in Athen seine eigene Hochschule aufbaut, distanziert er sich im Rahmen seiner selbständigen Forschungen vor allem auf dem Gebiet der Ethik und der Seelenlehre immer klarer von den erdfernen Grundnormen seines großen Meisters Platon als ein Forscher, der mit den Füßen auf der Erde steht.

180. **Die Werke des Aristoteles.** Während Platon zeit seines Lebens ein hochfliegender, dichterisch begabter Philosoph und Idealist geblieben war, brach sich bei dem Realisten Aristoteles schon sehr früh seine scharf beobachtende, streng logisch sezierende Forschernatur Bahn. Als gewaltiger wissenschaftlicher Organisator trug er selbst eine ungeheure Fülle des Materials für seine Forschungen zusammen und ließ von seinen Schülern Regesten anlegen und Stoff jeglicher Art für seine philosophischen und kulturhistorischen Arbeiten sammeln. So ließ er z. B. für sein ungeheures Staatsverfassungswerk die Verfassungen von 158 Staaten durcharbeiten.

Leider sind die exoterischen Schriften, also die für das Liebhaberpublikum bestimmten und veröffentlichten Schriften, verloren gegangen; die für den engeren Hörerkreis bestimmten (daher auch akroamatischen Schriften genannt) oder nur für die Hörer der Fachkollegs geschriebenen Abhandlungen und Bücher (daher auch esoterische Schriften genannt) hat ein gütiges Schicksal erhalten. Es handelt sich um Abhandlungen aus der Zeit, da er noch Schüler Platons war, so der Dialog *Eudemos* (über die Unsterblichkeit der Seele) und um wissenschaftliche Hauptwerke, die teils von ihm selbst veröffentlicht, teils von seinen Schülern auf Grund der Kolleghefte oder der Manuskripte des Meisters herausgegeben wurden. Man kann sie gliedern in:

1. Die logischen Schriften, welche die Byzantiner unter dem Titel *Organon* (geistige Werkzeuge) zusammenfaßten, vor allem die Kategorien (Arten des Seienden) und die Topik, eine Anleitung zu Disputierübungen.

2. Die naturwissenschaftlichen Schriften: *Die Physik, Meteorologie* und die große *Tiergeschichte.*

3. Die Werke über Ethik: *Nikomachische Ethik* in 10 Büchern, genannt nach seinem Sohn Nikomachos; die *eudemische Ethik,* genannt nach seinem Schüler Eudemos, der sie bearbeitete.

4. Die metaphysischen Schriften: die *Metaphysik* in 14 Büchern (ta metá physiká), d. h. sie wurden von einem Herausgeber hinter die physikalischen Schriften *(Physiká)* gestellt, nach seinem Tode auf Grund seiner Kolleghefte zusammengestellt und ediert.

5. Über die Rhetorik handeln 3 Bücher, über die Dichtkunst (Poetik) 2.

6. Staatslehre: 8 Bücher Politik; eine Vorarbeit dazu ist die auf einem ägyptischen Papyrus gefundene *Verfassung der Athener.*

181. – **1. Allgemeines, Entwicklung.** Erst seit W. Jaeger wissen wir Genaues über die Entwickelung des Aristoteles, der zunächst als Schüler Platons in seinem Dialoge *Eudemos* ganz den Standpunkt seines Meisters vertrat, was metaphysische Fragen betrifft (Unsterblichkeit der ganzen Seele), und der das Leben in der Akademie (Bíos theoretikós = vita contemplativa) als die wahre Philosophenschule anerkannte, bis dann seine Kritik an der Seelenlehre Platons die Trennung von der Akademie anbahnte, besonders während seines Aufenthaltes in Assos. Seine nüchterne, scharfsinnige, rein systematische Forscherarbeit verlagerte sich von der Ideenwelt zur Realwelt *(Metzke 169).* So sehen wir die beiden großen Geistesfürsten auf dem Werke Raffaels „die Schule von Athen". Platon weist nach oben, Aristoteles, der alle Gebiete des damaligen Wissens mit seinem universalen Geiste umfaßt, auf das Reale, was vor Augen liegt.

Zunächst von planmäßigen Materialsammlungen und Einzeluntersuchungen ausgehend, für die er in seinem philosophischen Seminar Schüler heranzieht, umspannt er mit seiner systematischen Forscherkraft Logik,

Psychologie, Ethik, Naturwissenschaft, Metaphysik, Poetik und Staatskunde.

182. – **2. Die Metaphysik** des Aristoteles („erste Philosophie") hat als Kernproblem die Lehre von F o r m = Eidos [εἶδος] oder Morphé [μορφή] = Gestalt) und S t o f f oder M a t e r i e (Hyle = ὕλη); dieser Terminus technicus ist von ihm selbst erfunden. Stoff ist das z u g r u n d e L i e g e n d e, die Form ist die Gestaltung dieser gestaltlosen Grundgegebenheit. Gold ist der Stoff, die fertige Goldstatuette ist die Form; der Leib des Menschen ist der Stoff, Leben und Seele sind die Form. Alle Einzeldinge also, materielle und geistige (auch Schlüsse als logische Gebilde), weisen dieses Begriffspaar auf, Form und Stoff oder Materie. Die Materie ist reine Möglichkeit, sie enthält das Ding potentiell; die Form bewirkt, daß im einzelnen Fall dieses oder jenes Ding mit bestimmten Eigenschaften entsteht; sie ist das darin Tätige, das Verwirklichende (E n é r g e i a = ἐνέργεια), das Bestimmung Gebende (Entelécheia = ἐντελέχεια): Energie bedeutet die Tätigkeit der Substanz während des Verwirklichungsvorganges (das Wachsen), Entelechie bedeutet das, was sein Ziel (Télos) in sich trägt (entélos - échein, *Metzke).* Der Stoff ist also passiv, die Form ist das Prinzip des Wirkens. Beim künstlerischen Schaffen ist nicht der Marmorblock das Wesentliche, aus dem eine Statue werden kann, sondern die Idee, die der Künstler hat, die Form, die er dann in dem Stoff des Marmors zur Darstellung bringt. So ist auch in der Natur die Form, der Geist die Hauptsache. Alles Werden ist Ü b e r g a n g v o m n u r M ö g l i c h e n z u m W i r k l i c h e n, es strebt einem bestimmten Ziele zu, nämlich sein Wesen vollkommen zur Darstellung zu bringen (t e l e o l o g i s c h e N a t u r a u f f a s s u n g). Vom Stoff zur Form gibt es Übergänge: Wolle ist Materie, aus der der Faden wird – Faden Materie, aus der das Tuch wird – Tuch Materie, aus der der Anzug wird. Reine Form ist nur das Göttliche; Gott ist = denkendes Denken (Nóesis), also reines Denken, er ist die Ursache jeder Bewegung (to proton Kinún = das zuerst Bewegende), der göttliche Geist (Nus). Er bedarf keines Dinges; aber die Welt bedarf seiner und sehnt sich nach ihm; er gelangt durch seine Selbstbetrachtung zur Seligkeit. Er hat die Eigenschaften, welche Platon seiner I d e e d e s G u t e n zuschreibt, er ist unveränderlich und ewig.

183. **Die Seelenlehre.** Während Aristoteles als Platonschüler in seiner frühen Periode lehrt, daß die g a n z e Seele unsterblich ist, schreibt der Begründer des Peripatos diese Eigenschaft nur dem v e r n ü n f t i g e n T e i l der Seele zu. Seele ist hier Leben, L e b e n s p r i n z i p, die eigentlichste Entelechie eines organischen Leibes. Leib und Seele verhalten sich wie Stoff und Form; die Seele ist als ursprünglichste Entelechie des organischen lebendigen Körpers die Form des Körpers, seine bewegende Ursache und sein Zweck *(Metzke).* Wir unterscheiden drei Arten von Lebewesen, die sich durch die Natur ihrer Seele, der Entelechie des Körpers, unterscheiden: Die P f l a n z e n haben nur eine vegetative Seele, das Prinzip des Lebens, vor allem der Ernährung und Fortpflanzung. Ihnen fehlt das be-

wegende Lebenszentrum. Dieses besitzt die Tier- oder Sinnenseele; sie verfügt über Tastsinn, Empfindung, Begierde und freiwillige Ortsbewegung. Die höchste Stufe stellt die menschliche Seele oder Vernunftseele dar (Psyche logiké oder noëtiké) mit der Fähigkeit der denkenden Vernunft. Diese erarbeitet aus dem Material, das ihr die Sinneswahrnehmungen liefern, ihre Begriffe und allgemeinen Erkenntnisse.

184. Über das Gebiet der **Ethik** (Ethik als Terminus ist von Aristoteles geformt und ist *ein Nachdenken über das Verhältnis des Menschen zu seiner Lebensführung, Schwartz)* haben wir die beiden *Ethiká* (Abhandlungen über die Ethik), die *Eudemische Ethik* und die *Nikomachische Ethik*, in reiferen Jahren seinem Sohn Nikomachos gewidmet. Hier werden die Fragen untersucht: Was ist das beste Leben, was ist die Arete, die Philia (Freundschaft), die Hedoné (Lust), die Eudaimonia (Lebensglück)? Er hat klar die Schwäche der Tugend = Wissen-Lehre des Sokrates herausgestellt, vor allem, daß diese Lehre den tatsächlichen Verhältnissen unseres Seelenlebens nicht gerecht wird. Sokrates bestreitet ja den möglichen Widerstreit zwischen Handeln und Wissen; im *Protagoras* werden alle Einwände abgetan mit dem Satz: Wenn das Wissen der Hedoné unterliegt, ist das eben Unwissenheit! Dagegen sagt Aristoteles unter Bezug auf die Ausführungen im *Protagoras (352 C ff.)* in der *nikomachischen Ethik: Es drängt sich die Frage auf, wie jemand die richtige Ansicht haben und doch der Selbstbeherrschung ermangeln kann . ., daß trotz des Besitzes des Wissens etwas anderes die Herrschaft haben kann und solche Erkenntnis wie einen Sklaven hinter sich herschleppen sollte; das hielt Sokrates für etwas Ungeheuerliches (Apelt).* Die Tugendlehre des Aristoteles ist in hohem Maße von der Lustlehre des Aristippos beeinflußt; die Beweisführungen des Aristippos machten auf Aristoteles, wie er selbst sagt, deshalb einen so großen Eindruck, weil jener eine ethisch hochstehende Persönlichkeit war. Für Aristoteles kommt nur das echte Lustgefühl der Seele in Frage; dieses ist ein Agathon (Gutes); die körperlichen Lustgefühle scheiden aus. Dieses echte Lustgefühl ist mit dem Tätigsein (Energeia) eng verbunden. *Wer die ihm liegende Tätigkeit ausübt* (τὴν κατὰ τὴν φύσιν ἐνέργειαν), *empfindet Lust, und die Lust wiederum stärkt die Energeia (Schwartz 129).* Entsprechend der Stufenleiter der Energeia gibt es auch verschiedene Stufen des echten Lustgefühls der Seele *(Schwartz 98 ff. 129).* Die wahre Hedone erreicht der mit der Phronesis (ethische Einsicht) ausgestattete, ernsthaft-vernünftige Mann, der vom Verstand (Nus) regiert wird. Die Hedone des wahren Forschers schildert Aristoteles, am Schlusse der Nikomachischen Ethik, eine ergreifende „confessio"!

185. Am Anfang seines Ethikwerkes forscht Aristoteles nach dem wahren Ziel der Ethik; das ist die Eudaimonia[1] (vgl. § 221, 3). Diesem Ziel

---

[1] εὐδαίμων ist der, welchen ein guter Dämon betreut.

streben alle Menschen nach; diese Eudaimonia ist eine Tätigkeit, ein Wirken, kein Zustand *(ein Tätigsein gemäß der Arete. Schwartz 152).*

Die Frage nach der Idee des Guten gibt Aristoteles als Führer des Peripatos auf: *Es ist nicht zu begreifen, was die befreundeten Männer* (er meint die Platoniker) *mit ihrem Ding an sich sagen wollen; gesetzt auch, es gäbe ein Gutes an sich, so wäre es doch für den Menschen weder ausführbar, noch erreichbar; nur das Erreichbare aber wird gesucht. (Nikomachische Ethik I 4; Metzke 184).* Die Grundfrage der Ethik des Aristoteles ist also: Wie bekomme ich Einsicht in das dem Menschen erreichbare Gute (πρακτικὸν ἀγαθόν)? Dieses ist nach Volk, Geschlecht, Stand, Beruf verschieden. Das Gute ist in jeder Handlung das, wonach alles hinstrebt, für das Handeln des Arztes die Gesundheit, für den Feldherrn der Sieg.

186. Die von Platon doktrinär verfochtene Einheit der Tugendlehre gibt der Stagirite auf. Er unterscheidet zwei Arten von Tugenden: die höher stehenden dianoetischen (Areté theoretiké) und die praktischen (Areté praktiké), die den sittlichen Charakter prägen. Jede praktisch-ethische Tugend ist die Mitte zwischen zwei Extremen, z. B. die Tapferkeit zwischen Furcht und Tollkühnheit, die Megalopsychie (Seelengröße) zwischen Aufgeblasenheit und Selbstunterschätzung; uns ist die Mittelstraße als erreichbares Ziel vorgeschrieben *(A. Gercke).* Als diejenige praktische Tugend, die am höchsten einzuschätzen ist, wird die Gerechtigkeit gepriesen. Folgende Tugenden ziemen dem Menschen im Rahmen der Gemeinschaft, in der er lebt: Mannhaftigkeit, Mäßigkeit, vornehmer Sinn, Selbständigkeit, richtige Selbsteinschätzung, Milde, Wahrhaftigkeit, Fröhlichkeit, Freundschaft, Gerechtigkeit.

187. **Die Logik.** Auch als „Vater der Logik" geht Aristoteles von den praktischen Bedürfnissen des philosophischen und wissenschaftlichen Diskutierens aus. Welche Grundbegriffe müssen da klargestellt werden? Wie beherrsche ich die Formen des Satzes in der Diskussion? Welches sind die Grundelemente einer guten Diskussion? Wie gebrauche ich Substantiva, Adjektiva, Adverbia richtig, wie das Aktivum und das Passivum? Wie baue ich einen richtigen Beweis auf, wie einen richtigen Schluß? Wie kann ich mit meiner Sprech- und Denktechnik meinen Diskussionsgegner überzeugen? An Sokrates und Platon anschließend, baut er seine Zergliederungskunst auf. Wesentlich für den praktischen Bedarf ist seine Lehre von den Schlüssen und Beweisen (vgl. § 193 ff.) und vom rechten Gebrauch der Satzteile, Grundregeln, die heute noch lebensfähig sind. Berühmt sind seine Kategorien, die er in der Topik vorlegt, die zum Teil den Wortarten im Satze und den Genera der Verba entsprechen[1]:

---

[1] Schon Sokrates hatte, um den Begriffsinhalt zu determinieren, folgende fünf stereotypen Fragen parat: πόσον (Quantitätsunterschied), ποῖον (Qualitätsunterschied), πρὸς τί, περὶ τί, ποῖ τείνει (Zweck und Relation), διὰ τί (Kausalität), πῶς (Mittel); daran schließt Aristoteles die Kategorien an.

1. Substanz (Usía – οὐσία) Tier, Pflanze.
2. Quantität (Posón – τὸ ποσόν) 4 Stadien lang.
3. Qualität (Poión – τὸ ποιόν) rot, tapfer.
4. Relation (pros ti – πρός τι) kleiner.
5. Ort (pu – ποῦ) im Rathaus.
6. Zeit (poté – ποτέ) im Herbst.
7. Lage (Keísthai – κεῖσθαι) er lehnt.
8. Zustand (échein – ἔχειν) er ist bekleidet.
9. Tätigkeit (poieín – ποιεῖν) er schlachtet, beackert (Aktiv).
10. Leiden (páschein – πάσχειν) er wird geschlachtet, wird beackert (Passiv).

188. **Die Staatslehre.** Auch hier fußt Aristoteles auf dem Boden der Praxis und der Erfahrung (Empirismus). In seinem Seminar für politische Forschung ließ er die Verfassungen von 158 hellenischen und barbarischen Staaten sammeln, durchforschen und zergliedern, um das Verhältnis des Menschen zum Staat, dessen Entstehung und die besten Verfassungsformen zu eruieren. Von Natur trägt der Mensch in sich den Trieb zur Gemeinschaft; er ist ein politisches Wesen (Zoon politikón = ζῷον πολιτικόν) und zum Handeln im Rahmen des Staates geboren. Ausgangspunkt des Stadtstaates ist die Familie, dann die Dorfgemeinde; der Staat hat zum Ziel die Erhaltung und Vervollkommnung des physischen und sittlichen Lebens der Bürger, also des Durchschnittsmenschen, nicht des idealen Philosophen! Jegliche Güter-, Weiber- oder Kindergemeinschaft wird abgewiesen. Von den sechs Grundformen des Staates (Monarchie, Aristokratie, gemäßigte Demokratie und deren Entartungen: Tyrannis, Oligarchie, Ochlokratie) werden nur die drei ersten als die richtigen anerkannt. Die Verfassung ist die beste, in der die richtige Mitte eingehalten wird; das ist in der gemischten Verfassung (welche die Vorzüge der drei richtigen Formen vereint) gewährleistet mit dem Ziel eines wohlhabenden und gebildeten Mittelstandes. Die Staatshoheit wirkt sich in den drei Gewalten aus: die gesetzgebende (Legislative), ausübende (Exekutive) und richterliche (Judikative) Funktion. Bei seinen Forschungen über den Staat geht Aristoteles wie Platon zunächst von einer Konstruktion des besten Staates aus, einer Staatsutopie; erst allmählich befaßt sich der reifende Politiker auf Grund seines Studiums der vorliegenden Staatsverfassungen mit dem Wesen eines Wirklichkeitsstaates, mit dem Staat als Rahmen, innerhalb dessen die Menschen als Bürger leben (politeúein, dazu politeia). Praktisch hatte er vor allem den Staat Philipps und Alexanders erlebt.

189. **Die Poetik.** (poietiké Téchne). In dem uns erhaltenen Teil behandelt Aristoteles die Tragödie und das Epos; hier analysiert er die Kunstgesetze und verteidigt die Tragödie gegen die Angriffe Platons *im Staat X 602 C ff. (ihre Wirkung sei auf den niedrigsten Seelenteil, das Epithymetikón, gerichtet);* berühmt ist die Definition der Tragödie: *Es ist also die Tragödie die Nachahmung einer in sich abgeschlossenen und ein Ganzes*

bildenden Handlung, von einer gewissen Größe, abgefaßt in anmutiger Sprache ..., welche durch Mitleid und Furcht die Befreiung von diesen Affekten vollzieht.

190. Aristoteles hat auf allen Gebieten des menschlichen Wissens Grundlegendes und Bleibendes geleistet. Maßgebend war er auch in allen Fragen, die sich an das Auftauchen der Kometen knüpften; bis in die neue Zeit hielt man an der Vorstellung des Aristoteles fest, daß Kometen Ausdünstungen der Erde seien, die sich in der Höhe der irdischen Lufthülle an den heißen Sonnenstrahlen entzünden. Vor allem aber begründete er die Naturwissenschaft u. die Metaphysik; er ist der große Meister der Logik; Kant sagt in der zweiten Auflage zur Kritik der reinen Vernunft, *seit Aristoteles habe die Logik keinen Schritt vorwärts und keinen rückwärts tun können.* Was er über Rhetorik und Poetik schrieb, blieb bis auf Opitz und Lessing die Grundlage jeder Diskussion über diese Gebiete. Im Gegensatz zu den Idealplänen Platons im *Staat* und in den *Gesetzen* (der Staat in römisch-stoischem Sinne umgearbeitet von Cicero in der Schrift *de re publica,* die wieder von Augustin in seinem Werke *de civitate dei* benutzt wurde) hat Aristoteles die wissenschaftliche Staatslehre begründet und blieb bis in die französische Revolution neben Cicero der große Forscher und Anreger für alle staatstheoretischen Arbeiten.

191. **Psychologie bei Demokrit, Platon, Aristoteles.** Was die Lehre von der Seelenauffassung betrifft, so vergleichen wir Aristoteles am besten mit Demokrit und Platon. Demokrit sagt: In der Welt der mechanischen Physik herrschen nur die Gesetze der Physik, als Urgrund alles Seins die Bewegungen der Atome. Die Seele besteht aus den feinsten und beweglichsten Atomen, also aus Stoff. Im Gegensatz dazu Platon: Die Seele ist unsterblich und hat die Ideen im vorkörperlichen Stadium geschaut; sie hat zwar eine Art körperliches Dasein, aber sie ist kein Körper; sie bewegt sich selbst. Bei Aristoteles ist die Seele Lebensprinzip, eine immanente Kraft, die im Stoff lebt; aber sie kann sich nicht selbst bewegen. Wie die Prinzipien des Weltprozesses unbeweglich sind, so ist es auch die Seele.

192. Wie man von einem Platonismus und einer Sokratik spricht (Anregen des Gesprächspartners durch induktive Fragen – Herausarbeiten ewiger, unveränderlicher Wesenheiten [Dinge und Tugenden] durch die Maieutik – Ironie als Mittel des überlegenen, gesprächsführenden Meisters – Aufbau einer neuen Ethik mit dem Ziel der Eudaimonie – überspitzte Betonung des Wissens als Grundlage der Arete), so hat man mit viel mehr Recht den Begriff **Aristotelismus** geprägt: Wie ein gewaltiger Riese beherrschen Aristoteles und seine Schule das Denken der folgenden anderthalb Jahrtausende, indem seine Lehre durch die Juden, Araber und später durch die Frühscholastik und Hochscholastik unter Albertus Magnus und Thomas von Aquin aufgenommen und umgedeutet worden ist. Seit 1150 werden im Rahmen der scholastischen Wissenschaft alle Schriften des großen Stagiriten übersetzt und kommentiert (z. T. im

Anschluß an die Kommentare der arabischen Gelehrten Avicenna und Averroes).

193. Es entsteht ein Dogmenzwang, der für lange Zeit neue Auftriebe lähmt. Nicht an den erdentrückten Idealismus Platons schließen die Scholastiker an, sondern an den wirklichkeitsnahen Aristoteles, der gegenüber der transzendenten Ideenlehre seines großen Lehrers die Wahrheit des Erkennens auf die in den Dingen enthaltenen Formen gründet, die das reale Gegenstück der menschlichen Begriffe bilden; auf dem Zusammenwirken der sinnlichen Erfahrung und der Abstraktion des Verstandes beruht die menschliche Erkenntnis *(Schuster)*. Der Metaphysik, der Wissenschaft vom Seienden und dessen Formen, wird der oberste Rang zuerkannt. Wesensbestandteile des Seins sind Stoff (Hyle–materies) und Form (morphé). Diesen Hylemorphismus baut die Scholastik im christlichen Sinne weiter aus. Sie übernimmt ferner die Lehre von den Kategorien, den verschiedenen Aussageformen (katēgoreín = aussagen, lat. praedicare, praedicamenta); das sind im weiteren Sinne die verschiedenen Weisen des Seins, da immer irgendwie ein Sein ausgesagt wird. Wenn wir die Weisen der Aussage und des Seins ordnen, so lassen sich viele auf andere zurückführen; wir erhalten so Unterbegriffe und Oberbegriffe; die höchsten Gattungen sind die Urbegriffe, Stammesbegriffe, Grundbegriffe; und über diesen steht beherrschend das Sein.

Oberbegriff: Sinneswesen. Davon die Unterbegriffe: vernunftbegabte Sinneswesen, vernunftlose Sinneswesen. Die Unterbegriffe haben geringeren Umfang, aber reicheren Inhalt, die Oberbegriffe weiteren Umfang, aber geringeren Inhalt.

194. Auf der Beziehung der Begriffe untereinander beruhen die Schlüsse (syllogismós), die Aristoteles, selbst wieder auf Sokrates und Platon aufbauend, in ihren Grundlagen klargelegt hat (Vater der Logik), und die Galen und die Scholastiker weiter entwickelt haben:

I. Schluß vom Allgemeinen auf das Besondere (Syllogismus im engeren Sinne), Deduktion.

II. Schluß vom Besonderen (aus beobachteten Einzelfällen) auf das Allgemeine (epagogé = Induktion).

Zu I. Aus zwei Urteilen (Praemissen = propositiones praemissae) wird der Schluß-Satz[1] abgeleitet (conclusio). Voraussetzung ist, daß die beiden Praemissen einen Begriff gemeinsam haben (Mittelbegriff = mesos Horos = terminus medius). Die Praemisse, die das Subjekt des Schlußsatzes, den Unterbegriff enthält (terminus minor), heißt Untersatz (propositio minor); die Praemisse, die das Praedikat des Schlußsatzes, den Oberbegriff (terminus maior) enthält, heißt Obersatz (propositio maior). Es gibt 4 Figuren; die ersten drei hat

[1] *Der Schluß ist eine Rede, in der aus gewissen Voraussetzungen etwas Neues hervorgeht (Analytika protera I 24 b).*

Aristoteles vorgelegt, die vierte der Arzt Galen (129–199). Dabei kommt es auf die Stellung des Mittelbegriffes an: Entweder ist er in beiden Praemissen Praedikat, oder in beiden Subjekt, oder in der einen Praemisse Subjekt, in der andern Praedikat.

(S = Subjektsbegriff – P = Praedikatsbegriff – M = Mittelbegriff)

1. M P	2. P M	3. M P	4. P M
S M	S M	M S	M S
S P	S P	S P	S P

Beispiele für Figur I:

Alle empfindenden Geschöpfe sind beseelt.
Die Tiere sind empfindende Geschöpfe.
Also sind alle Tiere beseelt.

Jeder Baum ist eine Pflanze
Jede Eiche ist ein Baum
Jede Eiche ist eine Pflanze.

Ein Syllogismus wird auch im *Symposion 180 D* und *180 E* angewandt (vgl. meine Symposionübersetzung p 96 ff.).

Zu II. Die Induktion sucht aus bewiesenen oder beobachteten Einzelfällen ein allgemeingültiges Gesetz zu gewinnen, sie geht also vom Besonderen zum Allgemeinen vor. So werden vor allem die Gesetze der Naturwissenschaft und der empirischen Psychologie gewonnen. Gewöhnlich muß sich die Induktion mit einer beschränkten Zahl von beobachteten Fällen begnügen. Was die Psychologie des Aristoteles betrifft, so wurden manche Darlegungen falsch kommentiert; so lasen die Araber aus seinen Schriften einen Monopsychismus heraus, Einheit des tätigen Intellekts in allen Menschen.

195. Eine große Wirkung übte Aristoteles auf die Scholastik durch die Lehre vom Werden aus: Das Werden ist notwendig verursacht. So entwickelt Aristoteles seine Lehre von den 4 Ursachen, welche die Scholastiker weiter ausbauen: Wirkursache – Zweck – Ziel – Wert. Vom Beginn der griechischen Philosophie an stand das Wesen des Werdens und seine Beziehung zum Sein im Mittelpunkt der Forschung; zunächst ließ man kompromißlos entweder das Werden im Sein untergehen oder umgekehrt; bald erklärt man das Werden als bloßen Schein (Parmenides), bald das Sein (Herakleitos). Die Scholastik, gestützt auf Platon und Aristoteles, versucht dem Problem des Seins und des Werdens gerecht zu werden.

196. **Die Peripatetiker.** Die Schüler des Aristoteles setzten in den Peripatoi des Lykeion ihre Studien fort. Seine Nachfolger benutzten die esoterischen Schriften als Grundlagen für ihre Kollegs und Seminarübungen, sich eng an die Lehre des großen Meisters anschließend. Die Bibliothek des Aristoteles und seines Schülers und Nachfolgers Theophrastos wurde in Kleinasien in einer Höhle verborgen, um sie vor der Sammelwut der Attaliden in Pergamon zu schützen; ein reicher Bibliophile kaufte sie im Jahre 100 v. Chr. und brachte sie nach Athen; von hier überführten sie römische Interessenten im Jahre 86 v. Chr. nach Rom und ließen sie dort von Gelehrten katalogisieren. Neben der von dem Natur-

wissenschaftler Theophrastos geführten Richtung wirkte besonders die geisteswissenschaftliche Richtung auf die frühchristliche Philosophie in einem Maße ein, daß seit dem 6./7. Jahrhundert die Philosophie des Aristoteles, später auch durch die Vermittlung der in den Kreuzzügen bekannt gewordenen arabischen Philosophie, die Grundlage der christlichen Philosophie und schließlich mit einigen Variationen die anerkannte christliche Philosophie geworden ist. Thomas von Aquin ließ alle noch erhaltenen Schriften in die lateinische Sprache übersetzen als Grundlage für den philosophischen Unterbau der Hochscholastik. Die Nachfolger des Aristoteles in der Leitung des philosophischen Seminars waren nicht nur treue Hüter des gewaltigen Werkes ihres verehrten Meisters, sondern trieben auch im Sinne des Wissenschaftlers Aristoteles die Forschung auf einzelnen Gebieten der Fachwissenschaften weiter voran.

197. **Theophrastos von Lesbos** (372–287). Seine Forschungen auf botanischem Gebiet sind erst durch neuere Forschungen ins rechte Licht gerückt worden. Schon Aristoteles hatte auf Grund des reichen, vor allem des exotischen Materiales, das ihm sein Schüler Alexander zur Verfügung stellte, botanische Studien betrieben und u. a. die Mangrovegebüsche der indischen Flüsse wissenschaftlich untersucht und genau beschrieben. Theophrastos hat das Verdienst, die Morphologie und Physiologie der Pflanzen in seinem Werke über die Pflanzen (rund 550) aufgebaut zu haben; als Botaniker ist er der maßgebende Lehrer des ganzen Mittelalters (vgl. Eckstein-Flamm, Heilkräuter für Dich, Hippokratesverlag, 2. Aufl. 1953, 11). Er schrieb die erste kritische Geschichte der Naturlehre und der Naturphilosophie (physikaí dóxai = die Meinungen der Physiker). Auf dem Gebiet der Ethik galt sein Hauptanliegen der Erforschung der Menschentypen; sein Werk *Charaktere* (Charakteres) bot 30 naturwahre Schilderungen von Typen (der Schmeichler, der Prahler usw.).

198. **Straton von Lampsakos.** Während der Freund des Theophrastos, Eudemos von Rhodos, sich nur als der treue Bewahrer der Lehre seines Meisters bewährte, war sein Nachfolger als Akademieleiter, Straton der Physiker von Lampsakos (287–269), eine ausgeprägte Gelehrtenfigur. Seine physikalischen Experimente zogen Mediziner und Physiker in seinen Bannkreis. Im Anschluß an die Atomlehre des Demokrit bekämpfte er als entschiedener Materialist den Dualismus und die Teleologie in der Lehre seines Meisters: Indem er an Stelle der Atome Grundkräfte (warm und kalt) ansetzt, erstrebt er eine rein physikalische Erklärung der Dinge; nur ihre erste Entstehung ist zufällig, in der gesamten übrigen Entwicklung folgt eines aus dem andern nach den Naturgesetzen *(Metzke)*. Daß er auch die Unsterblichkeit der Seele bestreitet, ergibt sich folgerichtig aus seinen Grundanschauungen.

199. **Die späteren Peripatetiker.** Die späteren Peripatetiker scheinen sich immer mehr spezialisiert zu haben; so lehren an der Hochschule in

Alexandria. wo sie eine Universalbibliothek zur Verfügung hatten, berühmte Astronomen und Philologen. Andere arbeiteten an einer neuen Ausgabe der Werke des Aristoteles und schrieben Kommentare zu seinen Hauptabhandlungen, so der Exeget (Erklärer) Alexander von Aphrodisias (Karien), der in Athen dozierte.

VI

Die hellenistische Periode der antiken Philosophie seit dem Jahre 300 vor Chr., die Stoa und Epikur

A. DIE SPEZIALWISSENSCHAFTEN

200. In dieser Periode liegt das Hauptgewicht auf der Einzelforschung, während bisher der Philosoph zugleich Mathematiker, Astronom, Physiker und Rhetor war. Diese Spezialisierung der Wissenschaft hatte ihren Brennpunkt in Alexandria, wo die Ptolemäer für die Sternwarten, botanischen Gärten und Experimentierinstitute, besonders für die Ausgestaltung der berühmten Bibliothek (den Grundstock bildete die Bibliothek des Aristoteles) reiche Mittel auswarfen; auch in Pergamon und Rhodos waren führende Hochschulen mit Instituten und Bibliotheken. Der berühmte Grammatiker und Textforscher **Aristarch,** der scharfsinnige Mathematiker **Eukleides,** dessen Lehrbuch der Geometrie noch vor 80 Jahren maßgebend war, lehrten in Alexandria; hier war der gründliche Geograph **Eratosthenes** Direktor der Bibliothek; der universale Denker und Historiker **Poseidonios** (135–51 v. Chr.) lehrte in Rhodos. Die Philosophen wandten sich besonders der Frage zu: Wie muß ich leben, um glücklich zu werden? So beherrschte die Ethik die Diskussionen in den Seminaren.

201. Folgende Hinweise mögen dem Leser eine Vorstellung von der wissenschaftlichen Höhe der exakten Wissenschaften geben. In den anatomischen Instituten der Universität in Alexandria wurden menschliche Leichen zu Lehrzwecken seziert; so wurde eine unschätzbare empirische Basis für die Heilkunde geschaffen. Berühmt waren die Gehirnforschungen des Anatomen **Herophilos** und die Nervenpräparate des Pathologen **Erasistratos,** der auch als Arzt ein Herzspezialist war. Die Zoologen und Botaniker verarbeiteten das reiche Material, das die Alexanderzüge zugänglich gemacht hatten. Die von den Ptolemäern und Seleukiden finanzierten Entdeckungsreisen ermöglichten den Geographen, ein wissenschaftlich genaues Bild der bewohnten Erdteile auf dem Globus einzuzeichnen. **Pytheas** erschloß durch seine berühmten Entdeckungsfahrten den Norden Europas und Britannien mit seinen Insel-

gruppen. **Eratosthenes** schrieb in seinem Geographiewerk die kritische Geschichte der Erdkunde und zeichnete im Rahmen einer Erdbeschreibung den ersten Erdatlas; seine Berechnung des Erdumfanges (250 000 Stadien = 45 500 km) kommt der wirklichen Zahl sehr nahe (40 076 km). Genaue Berechnungen auf allen Gebieten der Wissenschaften waren nur durch den gewaltigen Aufschwung der M a t h e m a t i k möglich. **Eukleides** schrieb seine Elementargeometrie, die dem mathematischen Unterricht in den Instituten von Alexandria als Lehrbuch diente; seine Stereometrie war ebenso berühmt. Das Gesamtlehrbuch war durch die Vervollkommnung der Terminologie und die Fassung der Beweise so epochal, daß es nicht nur im Altertum und im Mittelalter, sondern in der Neuzeit bis in die letzten Jahrzehnte die Grundlage aller mathematischen Untersuchungen geblieben ist. Auch für die analytische Geometrie waren seine Abhandlungen bis in die Neuzeit maßgebend. Der größte Forscher und Entdecker auf dem Gebiet der Mathematik war aber **Archimedes** (Student in Alexandria, später in seiner Vaterstadt Syrakus lebend); er war Spezialist für Volumenberechnungen, Kegelschnitte, Konoiden und Sphaeroiden, Kreismessungen, Wurzelziehen usw. Als Spezialist für Mechanik konstruierte er berühmte Kriegsmaschinen und faßte den Begriff des spezifischen Gewichtes klar. Der exakteste Astronom und Mathematiker war der Bithynier **Hipparchos**, der die mathematische Form der Planetenbewegung systematisch analysierte, mit genauen Instrumenten auf Rhodos in seinem Observatorium Berechnungen durchführte und auch in der Trigonometrie die Forschung weiter trieb.

B. DIE STOIKER

202. **Die ältere Stoa** (310–160) gründete Z e n o n aus Kition auf Cypern (334–261); der Name stammt von der Stoa Poikile (einer mit Gemälden geschmückten Halle auf dem Markt Athens, also die „Hallenphilosophen"). Der Nachfolger dieses an Sokrates gemahnenden hochangesehenen Denkers war K l e a n t h e s aus der Landschaft Troas (304–232), der sich als Werkstudent durchhungerte und wie sein Lehrer in hohem Alter als angesehener Philosoph freiwillig den Hungertod auf sich nahm. Die gesamte Lehre der Stoa wurde auf 705 Bücherrollen von dem dritten Schulhaupt C h r y s i p p o s aus Soloi in Kilikien niedergeschrieben (281–208): „Gäbe es keinen Chrysippos, gäbe es keine Stoa" sagte man später.

Die mittlere Stoa hatte ihre Hauptvertreter in P a n a i t i o s von Rhodos (180–110), dem Freund des jüngeren Scipio, und in P o s e i d o n i o s (130–50) aus Syrien, den Cicero hörte. Diese führten die Lehre der Stoa in den gebildeten Kreisen Roms ein.

Der jüngeren Stoa der römischen Kaiserzeit gehörten S e n e c a , der Erzieher Neros, an, ferner der Philosoph E p i k t e t (60–140) und der „Philosoph auf dem Throne" M a r c u s A u r e l i u s A n t o n i n u s (161–180).

203. **Die Naturlehre der Stoa.** Die Naturlehre der Stoiker sucht den Dualismus des Aristoteles auszuschalten, sie ist materialistisch und monistisch. Die Natur ist eine Einheit, etwas Ganzes, Vollkommenes, ein geordnetes Gebilde, ein beseeltes Wesen. *Stoff und Form, Körper und Geist sind eins, die ganze Welt ist eine einheitliche, stofflich-körperliche, kraftgeladene Substanz (Metzke).* Alles Wirken und Werden erfolgt durch körperlich-stoffliche Ursachen; nicht nur die Dinge, welche unsere Sinne wahrnehmen, auch das in der Welt wirkende Gesetz, die Weltvernunft, auch als Gottheit personifiziert, die Seele, die Tugenden, unsere Affekte haben einen körperlichen Ursprung. Unkörperlich sind nur der Raum, das Leere und die Zeit. Die Weltvernunft ist kein geistiges Wesen, sondern wird gedacht als stoffliches Feuer (vgl. Heraklit) oder als feuriger Lufthauch (pneuma); dieses Pneuma durchströmt alles und bewirkt, daß die Welt ein beseeltes Ganze ist. Durch das Wirken dieser Urkraft geschieht alles in der Welt mit Naturnotwendigkeit; diese Notwendigkeit nennt der Mensch Verhängnis, Schicksal (Heimarméne = εἱμαρμένη). So wird der monistische Materialismus zum Pantheismus. Das Urfeuer entwickelt aus sich die Elemente: Äther, Wasser, Erde, Luft. Die Gottheit gestaltet als Weltvernunft (Logos) die Materie zu einem zweckerfüllten Organismus, zum großen Kosmos.

204. Der Mensch ist auch eine solche geordnete Welt, ein Kosmos im Kleinen. An der Gottvernunft, die das All durchwaltet, haben auch die Menschen teil; die menschliche Seele ist das Abbild der Allseele. Paulus zitiert in der *Apostelgeschichte (17, 28)* eine Stelle aus dem Hymnus des Kleanthes: *wir sind ja von göttlicher Herkunft.* Da die Menschen an dieser Allseele teilhaben, sind sie alle Brüder; gegenüber dieser naturgegebenen Einheit, der Einheit im Rahmen des Kosmos, tritt die Scheidung nach Nationalitäten (Hellenen, Barbaren) und Ständen (Herren, Sklaven) zurück; jeder ist Bürger (Polites) des großen Kosmos (Kosmopolitismus). So schafft Zenon die philosophische Grundlage zum allumfassenden Weltreich Alexanders (später auch übertragen auf das christliche Gottesreich). Die Seele der Menschen ist als ein Abbild der Allseele und als Teil des Weltfeuers auch materiell. Die Seelenkraft kann man in mehrere Teilkräfte zergliedern: der herrschende und führende Teil (Hegemonikon) ist die Vernunft; dieser führende Teil hat seinen Sitz im Herzen, dem Mittelpunkt des Blutkreislaufes oder in dem Atemzentrum, der Brust. Von hier aus lenkt das Hegemonikon die fünf Sinne, die Zeugungskraft und das Sprachvermögen. Nach dem Tode existieren die schlechten Seelen nur kurze Zeit weiter, die guten Seelen verbleiben an einem Ort der Seligen bis zum nächsten Weltbrand, um dann zum Urfeuer zurückzukehren (Weltentstehung und Weltbrand lösen einander periodisch ab, so daß immer wieder dieselben Formen und Zustände wiederkehren).

205. Wie erklärt die Erkenntnislehre der Stoiker das Zustandekommen der Vorstellungen und der Vernunfterkenntnis? Die

Sinne vermitteln der Seele, die anfangs leer ist wie ein unbeschriebenes Blatt, die Vorstellungen (Phantasiai), gleichsam Abdrücke der Dinge in der Seele; auf diesen Einzelvorstellungen baut sich dann die Vernunfterkenntnis auf. Was die apriori-Begriffe anlangt, so sagen die Stoiker: der Mensch ist nicht dadurch gerecht, daß er an der Idee des Gerechten teilnimmt, sondern weil er den Gerechtigkeitsstoff in sich trägt.

206. **Die Ethik.** Diese gründet sich auf den mächtigsten Trieb des Menschen, den Selbsterhaltungstrieb; er ist nichts anderes als der Urtrieb, der Wirken, Handeln und Zweck des Menschen in Einklang bringen will mit der eigenen Natur, die ein Teil von der Allweltvernunft ist und in der Planung der Heimarmene vorausbestimmt ist; das ist die Lehre der Hinwendung zum Eigenen (Oikeíosis). So lehrt Zenon, man solle sich selbstgetreu leben (homologuménōs heautó), das heißt in ausgeglichener, stoischer Ruhe. Damit wird die Harmonie aller Teile des Menschen, also von Seele-Leib-Geist betont, wie sie Platon für den Staat gefordert hatte als das Abbild der Seele; jede Disharmonie im Staat ist eine Krankheit; auch die Seele ist krank, wenn sie keine Harmonie hat; vor allem muß der führende Teil der Seele mit dem Pneuma übereinstimmen (*Schwartz 198). Kleanthes* bietet eine andere Definition: Der Natur gemäß leben (homologuménōs physei zēn), d. h. die eigene Vernunft der Weltvernunft unterordnen, welche die Natur beherrscht (lat. convenienter naturae oder secundum naturam vivere). Der Mensch muß also eine vernunftgemäße Lebensführung durchhalten; dadurch handelt er entsprechend der von der Weltvernunft gelenkten Gesamtnatur. Illustriert wird diese neue Formulierung des Kleanthes durch seinen Zeus-Hymnus: Zeus ist die Weltvernunft, das gemeinsame Gesetz der Götter und Menschen, das durch die ganze Natur sich hindurchzieht; um das Ziel der Eudaimonie zu erreichen, muß der Mensch mit ihm in Übereinstimmung leben *(Schwartz 200 ff)*. Die Schlechten (Kakoi) entfernen sich von ihm; indem sie den irdischen Lockungen des Ehrgeizes und des Reichtumes nachjagen, entfernen sie sich vom göttlichen Logos. Für die ethische Lebensgestaltung heißt das: Ausschaltung der Affekte (Pathē); die völlige Freiheit von den Leidenschaften (Apatheia) ist das Ziel, denn Lust, Begierde, Furcht sind die verderblichsten Krankheiten der Seele. Scharf scheiden sich die Kardinaleigenschaften und Handlungen des Weisen von denen des Unweisen:

Der Weise	Der Unweise
Zenon: Einsicht.	
Kleanthes: Seelenstärke.	
Chrysippos: Weisheit.	
Darauf basieren die 4 Kardinaltugenden:	Entsprechend 4 Kardinallaster:
Einsicht, Gerechtigkeit, Tapferkeit, Besonnenheit.	Unwissenheit, Ungerechtigkeit, Feigheit, Zuchtlosigkeit.

Ethisch vollkommene Handlungen des Weisen fließen aus der vernunftgemäßen rechten Lebensgesinnung.	Fehlerhafte Handlungen des Unweisen vollziehen sich ohne jede vernunftgemäße Zweckbeziehung.

207. Trotz der äußerst scharfen theoretischen Grenze zwischen Weisen und Unweisen gibt es in der Praxis zwischen den rechten Handlungen des absolut Weisen und den Fehlhandlungen des Unweisen ein Mittleres; das sind die in der Mitte liegenden Handlungen oder die Pflichten in stoischem Sinne (Kathēkonta = das, was an einen herankommt; bei Cicero officia); es sind die den Weisen und Unweisen gemeinsamen Handlungen, die an sich keinen absolut sittlichen Wert haben, die aber der geltenden Sitte und dem auch den Unweisen natürlich innewohnenden Selbsterhaltungstrieb entsprechen und daher lobenswert sind.

208. Aber die orthodoxe Lehre kennt keinen Kompromiß; für sie gibt es nur Weise oder Unweise. Das einzige Gut ist die Tugend (Arete), das einzige Übel ist die Schlechtigkeit (Kakia). Der Weise allein ist frei und glücklich, ein wirklicher König, der Unweise elend, unwissend, ein Bettler und Verrückter. Der Weise steht im Bewußtsein seiner inneren Unabhängigkeit Zeus nicht nach. Jeder Unweise ist verrückt; in solchen Schlagzeilen legten die Stoiker ihre Grundglaubenssätze nieder; Cicero hat solche kompromißlosen, oft paradox klingenden Sätze, die sogenannten „Paradoxa", gesammelt und dem Brutus gewidmet: *Daß die Tugend autark ist in bezug auf das Glück – daß nur der Weise frei ist und jeder Unweise ein Sklave – daß der Weise allein reich ist.* Für das wahre Glück sind die Glücksgüter, die die Welt anstaunt (Reichtum, Schönheit, usw.), völlig gleichgültige Dinge (Adiáphora). Was andererseits als Übel angesehen wird (Tod, Schmach, usw.), ist in Wahrheit kein Übel. Wer es dahin gebracht hat, daß er die Affekte als Fehlurteile ausgeschaltet hat, wer diese durch vernunftgemäßes Urteil ersetzt hat, der besitzt die wahre unerschütterliche Seelenruhe (Ataraxía).

Der stoische Weise wird von keinem Unglück oder irgendeinem Verlust niedergedrückt, er läßt keine unvernünftigen Gefühle in sich aufkommen und bleibt unbeeinflußt von dem, was um ihn auch geschehen mag. Wenn ihm aber das Leben nach vernunftgemäßen Erwägungen wertlos erscheint, dann darf der Stoiker Selbstmord begehen. So haben die Stoiker neben den Kynikern, mit denen sie durch viele Fäden verbunden sind, den Selbstmord philosophisch gerechtfertigt: Zenon, Kleanthes und eine Reihe führender Stoiker haben diese Konsequenz gezogen, nicht zuletzt Seneca.

209. **Die Logik** wurde vor allem von *Chrysipp* in einem grundlegenden Werke ausgebaut; sein Hauptinteresse galt der „Aussagelogik" (es ist finster, es ist Tag) im Gegensatz zur „Namenlogik" des Aristoteles (Tag, Nacht, Finsternis). Auch baute er die hypothetischen Schlüsse aus (Wenn A ist, ist B), bekannt ist der Syllogismus:

Wenn das „Erste" ist, ist das „Zweite".
Nun aber ist das „Erste",
Also auch das „Zweite".

Das Muster eines Syllogismus ist der Beweis für die Unsterblichkeit der Seele *(Phaidros 245 C ff. und Cicero de re publica VI 25).* Die zehn Kategorien des Aristoteles reduzierte er auf vier: 1. Substanz (τὸ ὑποκείμενον oder τί, das Etwas). 2. Die Eigenschaft (τὸ ποιόν). 3. Die Beschaffenheit (τὸ πὼς ἔχον). 4. Das Verhältnis (πρός τί πως ἔχον). In die logischen Abhandlungen wurde auch die Grammatik einbezogen. Auf diesem Gebiet haben sich die Stoiker große Verdienste erworben, indem sie die Wortarten und die Kasuslehre, vor allem die Genera verbi, genau untersuchten; sie haben die grammatische Wissenschaft bis in unsere Tage hinein beeinflußt. – In den Zeiten des politischen Terrors verlieh der Stoizismus vielen einen inneren Halt und Seelengröße. (Seneca, Cato!) Die Verpflichtung zur Menschenliebe kommt der christlichen Lehre nahe.

C. EPIKUROS (342–270) UND SEIN ORDEN

210. Epikurs Vater bewirtschaftete auf Samos ein kleines Gütchen und war daneben Schulmeister. Schon früh wurde der Sohn nach einer sorgfältigen Erziehung mit der Lehre Platons bekannt; um den Demokriteer Nausiphanes zu hören, ging er nach Teos. Schon tief von der mechanischen Welterklärung des genialen Abderiten beeindruckt, leistete er in Athen seine beiden militärischen Dienstjahre ab. Mit 32 Jahren begann er als Autodidakt, wie er betonte, Schüler um sich zu versammeln. Er ging mit seiner Schule 306 nach Athen und erwarb sich dort einen Garten, in dem er mit seinen Schülern diskutierte: So wurden seine Anhänger die „Gartenphilosophen" genannt. Er verstand es, seinen Schülerkreis zu einer fest geschlossenen religiösen Gemeinschaft, die dem starren Dogmensystem des Meisters mit Leib und Seele verschrieben war, zusammenzuschweißen, ein Orden, über dem die liebenswürdige Persönlichkeit des von allen vergötterten Meisters waltete. Durch seinen Lehrer Nausiphanes beeinflußt, übernahm er die Ableitung der Welt aus den Prinzipien der Atome und des leeren Raumes, wie sie der große Demokrit vorgetragen hatte. Als Forscher das Lebenswerk des Demokrit fortzusetzen, daran dachte er nicht. Das Ziel seines Lehrsystems liegt auf ethischem Gebiet. Von seinen Werken über Philosophie und Naturwissenschaft sind erhalten: 3 Lehrbücher über Physik, Meteorologie und Ethik, Teile des zweiten und neunten Buches seines Werkes *Über die Natur* und ein Katechismus seiner Lehre (die Hauptkernsätze).

211. **Die Naturlehre.** Wie die Stoiker sich an den dunklen Philosophen von Ephesos anlehnten, so übernahm Epikur die wunderbar ge-

schlossene Lehre des Demokrit. Hören wir den Meister, wie er in seinem berühmten Brief an Herodotos ausführt: *Aus dem Nichts kann nichts entstehen; denn sonst würde alles aus allem entstehen können. Die Erfahrung lehrt aber, daß ein Entstehen nur stattfindet durch Veränderung eines Seienden von bestimmter Beschaffenheit. Auch kann ein Seiendes, wenn es verschwindet, sich nicht in Nichtseiendes auflösen; denn sonst würden schon längst alle Dinge zu Grunde gegangen sein.* Dadurch ist gewährleistet das ewige und unveränderte Bestehen der substantiellen Grundlage alles Entstehens und Vergehens. Das All wird in seiner Grundbeschaffenheit durch die Veränderungen der Einzeldinge nicht verändert. Die Grundbestandteile der Natur sind die Körper und das Leere; erstere bezeugen uns die Sinneswahrnehmungen; das Leere erschließen wir durch Beobachtungen der Wahrnehmung: Die Körper bewegen sich; also muß ein leerer Raum da sein, durch den sie sich bewegen *(v. Arnim).* Alles Werden und Vergehen beruht auf der Trennung und Verbindung der Atome, deren Zahl unendlich ist. Die Atome unterscheiden sich vor allem durch ihre Gestalt, deren Variation unbestimmbar groß ist; in unaufhörlicher Bewegung sich befindend, fallen die Atome vermöge ihrer Schwere im leeren Raum nach unten und gehen die mannigfaltigsten Verbindungen ein. Dadurch, daß einige Atome bei ihrem ursprünglich senkrechten Fall aus der Richtung geraten, kommen Bildungen von Atomkomplexen, Körpern und Welten zustande. Jede Zweckmäßigkeit wird bei diesen Vorgängen bestritten; alles Geschehen ist mechanische Verbindung und Trennung von Atomen. Von den Millionen von Atomverbindungen sind viele ohne Bestand; aber eine große Zahl erweist sich als dauerhaft und lebensfähig und pflanzt sich fort. So entstehen die Lebewesen und alle Einzelerscheinungen, auch unsere Welt und die unendlich vielen Welten, die teils unserer Welt ähnlich sind, teils sich von ihr unterscheiden. Die einzelnen Qualitäten entstehen durch die Verbindung und Anordnung der nur nach Gestalt, Schwere, Größe und Undurchdringlichkeit verschiedenen Atome.

212. Auch die Seele besteht aus Atomen, ist also etwas Körperliches; sie besteht aus den glattesten und rundesten Atomen. Sie löst sich beim Tode wie der Körper wieder in ihre Atome auf. Jede Furcht vor einem Strafdasein im Jenseits ist unbegründet. *Solange wir sind, ist der Tod nicht da, sobald der Tod aber da ist, sind wir nicht mehr.* Nach einer Sondertheorie besteht die Seele aus vier verschiedenen Stoffen, dem feuerartigen, luftartigen und windartigen Stoff; der vierte („das nicht näher zu Benennende") bewirkt die Wahrnehmung und ermöglicht das seelische und geistige Leben.

213. **Die Erkenntnistheorie.** Vergegenwärtigen wir uns folgende Entwicklungsreihe: Die Frage nach dem Urgrund (Archê) hielt schon Hesiod in ihrem Bann; aber hier ist die Lösung noch an den Mythos und die alten Göttervorstellungen der Volksreligion gebunden. Die Jonier räumten die mythologische Schicht weg und bahnten den Weg aus dem mythischen

Denken in die wissenschaftliche Sphäre. Man suchte die Mannigfaltigkeit des Gewordenen auf ein „Hen", auf ein „Einziges" zurückzuführen. Die Philosophen Großgriechenlands griffen das Problem auf: Werden im Gegensatz zum Sein; und da der Grieche das Seiende mit dem Wahren (dem nicht Verborgenen: Alethés) identifiziert, rückt das bunte Werden und das bunte Gewordene in die Atmosphäre des Scheines; so argumentiert Parmenides von Elea. In der folgerichtigen Weiterentwicklung der eleatischen Lehre wird das Sein vom Denken erfaßt, das Werden von der Wahrnehmung, die aber nicht das rechte Bild der Dinge vermittelt (Demokritos). Für Platon verdichtet sich noch die an Verachtung grenzende Überzeugung vom Unwert der Sinnenwelt; *denn er ist nicht ganz auf der Erde zu Hause (Schwartz 93)*. Da die hellenistischen Schulen die Eudaimonia in dieser Welt des bunten Werdens vermitteln wollen, so müssen sie, gewarnt durch die Skepsis Demokrits, gegenüber der Sinnenwelt nach einem festen Boden suchen.

214. Daher baut Epikur, obwohl er die Atomlehre Demokrits übernimmt, eine neue Erkenntnistheorie auf, seine „Kanonik", die auf Wissenschaftlichkeit keinen Anspruch macht, sondern eben nur, wie der Name sagt, eine Richtschnur sein soll, die dafür sorgt, daß die Mauern seines Lehrgebäudes nicht, schief aufgerichtet, einrutschen. Die Erkenntnis beruht auf der Wahrnehmung, deren es drei Arten gibt:

1. Die körperliche Wahrnehmung (Aísthesis), die durch die fünf Sinne ihre Funktion ausübt.

2. Die innere Wahrnehmung (Diánoia). Diese geht durch Atome vor sich: Es lösen sich von der Oberfläche der Körper unaufhörlich dünne Atomschichten ab, Bilder (Eídola), welche die Form der Körper bewahren; sie bewegen sich in einem ständigen Fluß zu den Sinnesorganen hin und wirken auf sie ein. Um die Phantasiebilder zu erklären, wird angenommen, daß sich von den Atomverbindungen im leeren Raum, die nicht körperhaft sind, Eidola (Bilder) ablösen; diese sind zu fein, um auf die Sinnesorgane einzuwirken; sie dringen deshalb durch die Körperporen direkt in die innere Wahrnehmung (Diánoia) vor.

3. Die Empfindungen oder Gefühle (Páthē): Jedes Wahrnehmen ist ein Pathos (etwas, durch das ich affiziert werde). Im Gegensatz zu Demokrit sind die Wahrnehmungen bei Epikur wichtig; der Wahrnehmung entspricht immer ein wirklich wahrgenommenes Objekt, ein Alēthés (ein Nichtverborgenes).

215. Wie steht es mit den Wahrnehmungen, die zunächst falsch zu sein scheinen? Das Bild eines Mastes, der im Wasser gebrochen wird? In diesem Falle sind die Wahrnehmungen nicht falsch; der Mensch irrt sich nur in dem, was er dazu meint. Diesen Irrtum muß man durch genauen Augenschein kontrollieren und richtigstellen. Bezeichnend für die unwissenschaftliche Unbekümmertheit, die Epikur praktiziert, ist sein Rat: Wenn man die Entstehung einer Täuschung nicht aufklären könne, sei es besser, eine falsche Erklärung zu geben, als an der Sinneswahrnehmung zu zwei-

feln. Eine Täuschung ist nur in der Auslegung der Wahrnehmung möglich. Durch mehrfache Wiederholung gleicher Wahrnehmungen entstehen allmählich die Allgemeinvorstellungen, die Begriffe. Auf der Basis der wiederholten Vorstellungen und Begriffsbildungen kommen wir zu Meinungen, deren Wahrheit wir wieder durch neue Wahrnehmungen auf ihre Stichhaltigkeit prüfen können. So kommt alle Erkenntnis nur auf dem Wege über die Sinneswahrnehmung zustande (Sensualismus). Manche Dinge sind zu klein, um für die Wahrnehmung zugänglich zu sein (z. B. die Atome), oder die Entfernung zwischen dem Wahrnehmenden und Wahrgenommenen ist zu groß (Götter). Hier überbrückt das Denken die Schwierigkeit, indem es durch Analogieschlüsse die Lücke ausfüllt. Für die Atome führt Epikur die Staubteilchen an, die in der Sonne sichtbar werden, von denen man dann auf die Wesenheit der Atome schließt. Die Metéora, d. h. das, was über der Erde vor sich geht, also die Sternenwelt und atmosphärische Vorgänge sind noch für die Wahrnehmung faßbar; allerdings muß sich Epikur hier zu fragwürdigen Begründungen verstehen, die den Spott seiner Gegner provoziert haben. Überhaupt sieht er sich, um die Skepsis auszuschalten, zu bedenklichen Theorien gezwungen, er, der die Wahrnehmungen eines Wahnsinnigen für wahr erklärt und behauptet, der eckige Turm, den wir in der Ferne als rund ansprechen, sei wirklich rund *(Gercke)*.

216. **Die Ethiklehre** hat Epikur in bewußtem Gegensatz zu Platon durchkonstruiert, besonders bekämpft er die Ausführungen im *Philebos*. Sie beruht auf der Lustlehre des Eudoxos, deren Kernsatz wir oben herausgehoben haben: Es gibt nur einen evidenten Wert, den der Mensch von Natur aus erstrebt, das ist das Gefühl der Lust (Hedonē), und nur ein Übel, das er meidet, das Gefühl des Schmerzes. Dieser Satz hat auf dem Gebiet der Ethik revolutionär gewirkt, und der greise Platon versuchte vergeblich, die neue epochemachende Lustlehre im *Philebos* wissenschaftlich zu widerlegen. Aristoteles wendet sich mit Ironie gegen diese Polemik Platons und anerkennt den Grundgedanken der Lustlehre des Knidiers. Epikur weist darauf hin, daß Lust und Schmerz die ersten Empfindungen (von eindringlicher Evidenz) des in das Leben tretenden Menschen sind und ruft provozierend gegen Platon gewendet aus: *Jeden Wertes Anfang und Wurzel ist die Lust des Bauches; all das weisheitsvolle und überspannte Zeug läuft am Ende auf sie hinaus.*

217. Aber das Denken, das moralische Denken regelt und klärt diese elementaren körperlichen Empfindungen (Páthē, vgl. § 206, 3). Das Denken verleiht die Möglichkeit, Lust und Schmerz richtig abzuwägen; das regulierende Denken setzt dem Begehren ein Ziel; es lehrt, mit wie wenig man das Unlustgefühl des Hungers stillen kann, daß die meisten Begierden nur Einbildung sind. So wird durch die Herrschaft des Denkens die Freiheit von Unlust erreicht *(Schwartz)*. Folgendes sind die Kerngedanken dieser Ethik:

Welche Mittel gibt es, um eine individuelle Glückseligkeit dem Menschen zu gewährleisten? Um diese rein praktische Frage kreisen die Sätze Epikurs (vgl. die Titel seiner Abhandlungen: *Über das höchste Gut; Was ist zu wählen und zu meiden? Über Lebenseinrichtungen).* Der Ausgangspunkt ist die Lust (Hedoné = ἡδονή) des einzelnen Menschen, das Ziel ist das glückselige Leben. Die Lust ist das einzige Gut, der Schmerz (Lȳpe - λύπη) das einzige Übel *(vgl. Aristippos § 78).* Wirkliches Glück bringt aber die bloße Befriedigung des Augenblickes (die Lust in Bewegung) nicht, sondern nur die bleibende und wertvollere Lust der Schmerzlosigkeit, die mit dem auf die wahre Lust folgenden Zustand vollkommener Ruhe verbunden ist. Das höchste Ziel ist also die Ungestörtheit (Ataraxía), die absolute Ruhe des Gemütes, ein Zustand, den Horaz mit *nil admirari* bezeichnet, d. h. die Ruhe der Seele. Die Voraussetzung eines vernünftigen, sorglosen Lebensgenusses ist neben der Gesundheit des Leibes diese Ataraxia. Daher muß man alles ausschalten, was Angst, Qual, Furcht verursacht, vor allem auch die Furcht vor den Göttern und den daraus entstehenden Aberglauben, ebenso wie die Furcht vor dem Tode. All diese Übel stammen aus der Unwissenheit und Torheit der Menge. Die Einsicht (Phrónesis) des Weisen muß in der Lage sein, die verschiedenen Arten der Lüste abzumessen; vor allem steht die geistige Lust höher als die des Fleisches.

218. Hauptmittel, um ein angenehmes Leben zu gewährleisten, ist die Tugend: deswegen muß der Weise sie besitzen, aus diesem Grunde ist sie zu erstreben, nicht um ihrer selbstwillen. Die höchste Tugend, die den Weisen schmückt, ist die Weisheit. Auch die andern Tugenden beobachtet der Weise, weil Wohlwollen, Rücksicht und Höflichkeit den Verkehr mit den Mitmenschen erleichtern und den Weisen vor Schmerz und Trauer bewahren.

219. Das Ideal des epikureischen Weisen kommt dem stoischen Mustertyp sehr nahe und hat ein edles Gepräge, wie ja auch der Meister selbst von einer liebenswürdigen Ausgeglichenheit war. Er kann sich, unbekümmert um äußere Einflüsse, durch seine absolute Selbstbeherrschung auch bei Wasser und Brot selbst mit der Glückseligkeit des Zeus messen. Was ihn vom stoischen Ideal unterscheidet, ist der absolute Individualismus, er kennt nicht die Eingliederung in das Ganze und in den strengen Rahmen des Staates; er kennt auch keine Pflichten (vgl. § 203). Von jeglicher Bindung außer der harmonischen Freundschaft wird abgeraten; ebenso von Ehe und Teilnahme an der Politik, überhaupt von allem, was irgendwie die Ataraxia stören könnte. Der oberste Leitspruch der Epikureer ist: *Lebe in stiller Verborgenheit (láthe biósas).* So predigte E. einen extremen Individualismus; aber dieser bedeutete nicht unbeherrschten Sinnengenuß. Er selbst zeigte im Kampf gegen eine schmerzliche Krankheit am Ende seines reich begnadeten Lebens einen heldenhaften Gleichmut.

220. Epikur predigte das Glück des Weisen im stillen Winkel. Seine rein mechanistische Weltanschauung soll seine religiöse Gemeinde, die mit Verehrung an dem Propheten des wahren Lebensglückes hing, vor zwei Verkehrtheiten schützen, die den Seelenfrieden grundlegend verwirren können. Einmal betont er, daß die Götter nicht in den Gang der Welt eingreifen, bald strafend, bald belohnend; der Mensch soll sich nicht abergläubisch in die sklavische Furcht vor Wundern oder vor Naturgewalten verstricken, die ein zürnender Gott geschickt hat. Ferner will der Weise die Menschen davor bewahren, daß sie in ewiger Angst vor einem qualvollen Leben nach dem Tode zittern, vor einem Büßerdasein der Seele nach der Lösung vom Körper. Die Schüler und Nachfolger haben das Werk mit pietätvollem Konservatismus gehütet. In der Theorie wurden die Epikureer von allen Philosophenschulen des Altertumes bekämpft, in der Praxis diente die Lehre dem vornehmen Mann zur Begründung seines heiteren Lebensgenusses; auch *Horaz (ep. I, 4, 16)*, rühmt sich, daß *er ein Schweinchen aus der Herde Epikurs sei.*

D. EPIKUREISMUS UND STOA, IHRE AUSKLÄNGE

221. **Gemeinsame Züge der Stoa und des Epikureismus.** 1. Die beiden großen Schulsysteme der hellenistischen Zeit wenden sich von der Wissenschaft als Forschung mit ihrem Skeptizismus und ihren unendlichen Zielen ab und pflegen einen ausgeprägten Dogmatismus (Dogmata sind eigentlich „Beschlüsse", denen sich der Novize fügen muß). Trotzdem brauchen sie eine Anlehnung an bestimmte wissenschaftliche Systeme, um ihrer Ethik einen festen Untergrund zu geben.

2. Diese beiden Schulen schaffen gegenüber Platon und Aristoteles, die beide Forscher sind und transzendente Ziele haben, ein scharf umrissenes System, in das sich die Dogmen genau einfügen.

3. Das gemeinsame Ziel ist die Eudaimonia (das wirkliche Lebensglück). Schon Aristoteles kennt als höchstes Ziel der Ethik die Eudaimonie, besonders angeregt von Eudoxos von Knidos: Nicht nur die Götter sind als „selige Götter" im Besitz des Glückes, sondern dieses Ziel liegt auch im Bereich des Menschen. Das Ziel für jedes Lebewesen ist das von Natur Gute (Physei Agathon; die Physis [Natur] spielt bei den Stoikern und Epikureern eine erste Rolle). Bei Aristoteles ist die Phronesis die Quelle der Eudaimonia. Auch bei Epikur sind Vernunft und lustvolles Leben nicht zu trennen; ebenso bei der Stoa: Nur der Weise ist glücklich.

4. Beiden Systemen ist die Einstellung zum Staat gemeinsam: Der Weise ist dem Staat gegenüber völlig selbständig. Die Entscheidung über Arete und Eudaimonie liegt im Bereich des einzelnen. Diese Einstellung ist eine Folge der politischen Verhältnisse. Innerhalb der gro-

ßen Diadochenreiche fühlt sich der Grieche nicht an den Staat gebunden. Ganz anders steht die römische Stoa zum Staat.

5. Beide Systeme haben den Typ des Idealweisen, der in Auftreten und Ethos als eine Art Muster in den Schulen vorgeführt wird *(Schwartz 149–158)*.

6. Epikur und die Stoa wollen die Autarkie des von der Vernunft geleiteten Menschen und die unbedingte Freiheit der Seele gewährleisten.

222. **Trennungslinien zwischen Stoa und Epikur:**

Epikur:	*Stoa:*
Atomlehre: Nur Atome und leerer Raum; die Materie ist undurchdringlich.	Die Materie ist nicht undurchdringlich.
Die sekundären Qualitäten sind Schein.	Die sekundären Qualitäten haften der Materie an.
Jede Zweckmäßigkeit wird geleugnet.	Alles Einzelne dient einem gemeinsamen Zweck (Télos).
Mit dem Tode stirbt auch die Seele.	Die Seele lebt nach dem Tode weiter.
Lust ist das einzige Agathon.	Tugend ist das einzige Agathon.
Die Götter kümmern sich nicht um Welt und Mensch.	Die Vorsehung repräsentiert den alles belebenden Willen des Zeus.
Ideal: Das Glück im Winkel, strenger Individualismus, die Freundschaft ausgenommen.	Bindung an das „Koinon", Pflichten gegen den Staat, der Mensch als Glied der Gemeinschaft und Gesellschaft: Leben in und für die Gemeinschaft.
Keine Religion, die im Unglück Kraft gibt. Weltanschauung der reichen Genießer; erbitterter Kampf gegen das Christentum.	Starker sittlicher Rückhalt für Unterdrückte und Verfolgte in Zeiten des Despotismus. Der römische stoische Adlige stirbt unter der Militärmonarchie mit tapferer Haltung. Durch die Hinwendung zur allgemeinen Menschenliebe Anschluß an das Christentum.

223. **Nachwirkungen des Epikureismus und der Stoa. Römischer Ausklang.** Die Lehre Epikurs, *berechnet für einen geschlossenen Kreis Gleichgesinnter und gleichgesinnter Freunde*, die in den Riesenräumen der Nachfolgestaaten des großen Alexander sich einem Leben der stillen Beschaulichkeit hingaben, drang früher in die führenden Kreise Roms ein als die Stoa und hat in der Zeit der untergehenden Republik in Rom viele Anhänger gewonnen; kein Geringerer als Lucretius Carus[1] wurde

[1] Besonders interessant ist die Entwicklungsgeschichte des Menschen (der „Weg

durch sie zu einem Gedicht *de rerum natura* angeregt, das den Triumph des menschlichen Geistes über den Aberglauben verherrlicht. In weiterer Sicht wurde die Aufklärung des 18. Jhds. von manchen Sätzen Epikurs beeinflußt. Mit Unrecht beriefen sich die *Anakreontiker* auf ihn. Auch der moderne Epikureismus hat mit der Lehre Epikurs nichts zu tun, auch nicht Anatole France.

224. Für den Siegeszug der Stoa in Rom ist die Person des *Panaitios* richtungweisend, der den jüngeren Scipio auf seiner Reise nach dem Osten begleitete (142 v. Chr.). Er war Stoiker und Forscher wie Aristoteles; durch ihn wird wieder die Unterscheidung der beiden Arten der Tugend, der praktischen und dianoetischen, eingeführt. Die höchste Tugend ist die S o p h r o s y n ē als Grundlage einer Gesellschaftslehre; diese wieder betont die Verbundenheit mit einem starken Staatsgefüge. Jetzt ging die römische führende Schicht bei der Stoa, wie sie Panaitios neu geformt hatte, in die Schule. So entstand die *griechisch-römische Stoa*, die jetzt ganz im Sinne der Römer lehrte: Die N a t u r (Physis) des Menschen ist eine p o l i t i s c h e, die Tugenden müssen aus dem im Rahmen des Staates eingebauten Gesellschaftsleben abgeleitet werden; der *iustus et tenax propositi vir* bei *Horaz (III, 3, 1)* ist von stoischer Prägung *(Schwartz 108, 166, 213)*. Der andere Hüter und Anreger der griechisch-römischen Stoa war **Poseidonios**, der Freund des Pompeius und vieler führender Römer. Die Stoa der Kaiserzeit gipfelte in der Persönlichkeit des **L. Annaeus Seneca,** dem Tacitus ein Denkmal gesetzt hat *(Annalen XV 60 ff)*. Der Freigelassene **Epiktet** (60–140 n. Chr.) machte in Nikopolis eine eigene Schule auf; sein Schüler **Arrian** veröffentlichte seine Vorlesungen als ein *Handbüchlein der Moral*. Der letzte römische Stoiker war der „Weise auf dem Thron der Caesaren“, der Kaiser **Marcus Aurelius** (161–180), ein Mann von altrömischer virtus und pietas, ein sittenstrenger Stoiker, der auf seinen Zügen gegen die Markomannen ein Büchlein bei sich führte, in das er ethische Kernsätze eintrug; wir haben es noch: *An sich selbst* (Selbstbetrachtungen); hier hat der sympathische Kaiser aufgeschrieben: *Keines Menschen Tyrann, keines Menschen Sklave! Was die Natur bringt, mußt du nehmen, und wenn du verstehst, was dir vom Kosmos zugewiesen ist, dann bist du ruhig! (Schwartz 220)*. Berühmt ist sein Spruch: *anéchu kai apéchu* (sustine et abstine): *Lasse gewähren und halte dich fern!*, d. h. verschließe dich vor der Welt ohne Haß! Diesen Satz hatte E p i k t e t geprägt; Goethe bewunderte ihn.

225. Eine hervorragende Rolle als Mittler zwischen Rom und Hellas nimmt **Cicero** ein. Viele Jahrhunderte galt er wegen seiner Übermittelung

---

-hinauf“ auf Grund der Forschung), die uns *Lucretius* im Anschluß an Epikur im fünften Buch vorlegt (vgl. *Horaz sat I 3, 99—112*): Von der tierähnlichen Existenz des Urmenschen führt der Weg zur Staatenbildung, nachdem sich der Mensch die Sprache selbst geschaffen hat (dieselbe Aufwärtsentwicklung bei Platon im *Protagoras 320 ff)*. O v i d dagegen zeigt in dem Mythos von den 4 Weltaltern den Weg -hinab.

der griechischen Kultur und Philosophie als die Hauptquelle aller höheren Bildung. Auch er nahm die Philosophie des Hellenismus in sich auf; weder zu Platon, noch zu dem großen Aristoteles hatte er ein inneres Verhältnis. Im ciceronianischen Gewande ging die Philosophie des Hellenismus auf die Scholastik über, und auch die Neuzeit wurde mächtig von seinen philosophischen Kompilationen angeregt. Cicero war Eklektiker (zu eklégein: auswählen). Er übernahm aus verschiedenen Systemen die Lehren, die ihm richtig zu sein schienen. Panaitios und Poseidonios sind seine Gewährsmänner für die Stoa; in seinem Buch *de officiis* gründen sich seine Kernsätze auf das Werk des Panaitios *Über die Pflicht;* im ersten und fünften Buch der *Tusculanen* und im zweiten Buch *de natura deorum* lehnt er sich an Poseidonios an. Die Spuren des epikureischen Systemes treffen wir überall. Platonische Elemente finden wir in seinen Erörterungen über die Unsterblichkeit *(Somnium Scipionis* und erstes Buch der *Tusculanen)* und allgemein in *de re publica,* im *Laelius* und im *Cato maior.*

Benutzte Werke zur Orientierung und Vertiefung

A. Allgemeine Geschichte der antiken Philosophie:

Dilthey-Gadamer, Grundriß der allgemeinen Geschichte der Philoso phie 1949.

A. Gercke, Geschichte der Philosophie in Gercke-Norden, Einleitung in „Die Altertumswissenschaft", 1912, II 275—382.

K. Joel, Geschichte der antiken Philosophie, 1921.

Überweg-Heinze-Praechter, Grundriß der Geschichte der Philosophie I^{12} 1926.

W. Nestle, Vom Mythos zum $Logos^{2}$ 1942.

Vorländer-Metzke, Geschichte der Philosophie, 9. Aufl. I 1949.

Windelband-Bonhöffer, im Handbuch von I. Müller V, 1, 1^{3} 1913.

E. Zeller, Die Philosophie der Griechen I, 1 u. 2, 13. Aufl. von W. Nestle, 1928.

B. für die Vorsokratiker:

Fragmente der Vorsokratiker, von Diels-Kranz, 5. Aufl. 1934 ff (zitiert: „Diels-Kranz").

Vorsokratische Denker, griechisch und deutsch von W. Kranz 1949, (zitiert als „Kranz").

W. Capelle, Die Vorsokratiker, 2. Aufl., 1950.

E. Cassirer, Vom Mythos zum Staat, 1949.

Olof Gigon, Der Ursprung der griechischen Philosophie von Hesiod bis Parmenides, 1945 (zitiert: *Gigon I*).

O. Gigon, Untersuchungen zu Heraklit, Dissertation, 1935 (zitiert: *Gigon III*).

Ernst Hoffmann, Die griechische Philosophie bis Platon, 1951.

—, Die Denkform der vorsokratischen Philosophie 1930.

E. Kafka, Die Vorsokratiker, 1921.

W. Nestle, Vom Mythos zum Logos, 1942.

Grete Ronge, Atom und Element vor zweieinhalb Jahrtausenden, 1950.

E. Weerts, Heraklit und Herakliteer = klass.-philol. Studien ed. Jakoby, Heft 7.

C. Sokrates, die Sophisten, Platon, Aristoteles und die spätere Zeit:

v. Arnim, in PWR VI 1, 133—155.

John Burnet, the Socratic doctrine of the soul, London 1929.

F. Eckstein, Apologie, Kriton und Rahmenphaidon mit Kommentar, 1951.

—, Platon Gastmahl übersetzt mit Anmerk., Goldmann-Verlag 1957, Gelbe Reihe 560.

P. Friedländer, Die Platonischen Schriften, 1930.

R. Guardini, Der Tod des Sokrates, 1945.

Olof Gigon, Sokrates, sein Bild in Dichtung und Geschichte, 1947 (zitiert: *Gigon II*).
Ernst Hoffmann, Platon, 1950.
R. Harder, Platons Kriton, 1934.
E. Howald, Platon, 1950.
W. Jaeger, Paideia, die Formung des griechischen Menschen, I² 1936; II 1944; III 1947.
E. Kafka, Sokrates, Platon und der sokratische Kreis, 1921.
H. Kuhn, Sokrates, ein Versuch über den Ursprung der Metaphysik, 1934.
H. Maier, Sokrates, 1913.
J. Morr, Die Entstehung der platonischen Apologie, 1929.
Léon Robin, Platon, Paris 1938.
E. Schwartz, Ethik der Griechen, herausg. von W. Richter, 1951.
J. Stenzel, Platon als Erzieher, 1928 (vgl. Pauly-Wissowa, IIte Reihe III, 811—890).
E. Wolff, Die Apologie — Neue phil. Untersuchungen, herausg. von W. Jaeger, Heft 6, 1929, dazu die Rezension von Gadamer in Gött. gel. Anz. 193, Heft 5, 198 ff.

D. Übersetzungen:

O. Apelt, Übersetzungen der Platonischen Dialoge in der philos. Bibliothek, 1895 ff mit sehr guten Einleitungen und Anmerkungen.
Platonübersetzungen im Artemisverlag, Zürich.
Plato with an english translation by N. H. Fowler, London 1938 ff, billige Ausgaben.
F. Eckstein, Übersetzung des Gastmahls von Platon mit Anmerkungen, im Goldmann-Verlag (Gelbe Reihe Nr. 560) München 1957.

E. Lexika:

W. Brugger, Philosophisches Wörterbuch, 1947.
H. Lamer, Wörterbuch der Antike, 1950.
Pauly-Wissowa, Realenzyklopaedie der klass. Altertumswissenschaft, herausg. von K. Ziegler.

F. Für die logischen Grundtatsachen:

Th. Elsenhans, Psychologie und Logik, L. B. 1920.
W. Wundt, Logik, 3 Bände 1906—1908.

Personen- und Sachregister

F

G

H

Q

R

S

T

U

V

W

X

Z